Espartanos

Una Fascinante Guía acerca de los Temibles Guerreros de la antigua Grecia, que incluye Tácticas Militares Espartanas, la Batalla de las Termópilas, Cómo Gobernó Esparta y Más

© Copyright 2019

Todos los Derechos Reservados. Está prohibida la reproducción total o parcial de este libro sin la autorización por escrito del autor. Los críticos pueden citar pasajes breves en sus revisiones.

Aviso Legal: Está prohibida la reproducción total o parcial de este libro en cualquier forma y cualquier medio, mecánico o electrónico, incluyendo fotocopiado o grabaciones, o mediante cualquier otro dispositivo de almacenamiento y recuperación de información, o por correo electrónico sin la autorización por escrito del editor.

Si bien se han realizado todos los intentos para verificar la información proporcionada en esta publicación, el autor y el editor se deslindan de toda responsabilidad por errores, omisiones o interpretaciones contrarias del tema.

Este libro es sólo para fines de entretenimiento. Las opiniones expresadas pertenecen al autor y no deben tomarse como instrucciones u órdenes de expertos. El lector es responsable de sus propias acciones.

El cumplimiento de todas las leyes y regulaciones aplicables, incluidas las leyes internacionales, federales, estatales y locales que rigen las licencias profesionales, las prácticas comerciales, la publicidad y todos los demás aspectos de hacer negocios en los Estados Unidos, Canadá, el Reino Unido o cualquier otra jurisdicción, es responsabilidad exclusiva del comprador o lector.

El autor y el editor se deslindan de toda responsabilidad u obligación alguna en nombre del comprador o lector de este material. Cualquier percepción individual u organización es puramente involuntaria.

Tabla de Contenido

INTRODUCCIÓN 1
CAPÍTULO 1 – QUIÉNES FUERON LOS ESPARTANOS 4
CAPÍTULO 2 – EL CRECIMIENTO DEL PODER ESPARTANO: LAS GUERRAS MESENIAS 14
CAPÍTULO 3 – LA CRECIENTE RIVALIDAD CON ATENAS: LAS GUERRAS GRECO-PERSAS..28
CAPÍTULO 4 – VICTORIA SOBRE ATENAS: EL NACIMIENTO DEL IMPERIO ESPARTANO 48
CAPÍTULO 5 – LA HEGEMONÍA ESPARTANA, LA GUERRA DE CORINTO Y EL DECLIVE DE ESPARTA 66
CAPÍTULO 6 – GOBIERNO ESPARTANO, MILITAR Y SOCIEDAD 85
CONCLUSIÓN 96
BIBLIOGRAFÍA 100

Introducción

Esparta es uno de los primeros nombres que nos viene a la mente cuando pensamos en el mundo antiguo. Y esto es debido a una importante razón. Después de su fundación en algún momento del siglo X a. C., Esparta pronto se convirtió en una de las ciudades-estado más poderosas no solo en el mundo griego, sino también en el mundo antiguo.

Su gobierno único, que contó con dos reyes y un senado electo, le ayudó a lograr una relativa estabilidad política al principio de su historia, y los líderes espartanos lo aprovecharon para expandir su poder e influencia en la región que rodea a Esparta, así como al resto de la península del Peloponeso.

Sin embargo, ninguna conversación sobre Esparta estaría completa sin mencionar su excepcional fuerza militar. Se convirtieron en maestros del hierro, trabajando desde el inicio de su historia, y lo usaron para desarrollar ejércitos que se convirtieron en algunos de los más formidables del mundo antiguo. Además, pusieron gran énfasis en su entrenamiento militar y crearon algunos de los primeros ejércitos verdaderamente profesionales del mundo, un movimiento que los ayudó a convertirse en los líderes de los ejércitos griegos que se enfrentaron a los grandes ejércitos persas de Darío I y Jerjes.

Pero Esparta no estaba exenta de defectos. Gran parte de su poder se basaba en convertir a aquellos que les eran desleales en *ilotas*. Estos individuos adquirieron su estatus después de que los espartanos les invadieran, y fueron tratados esencialmente como esclavos. Conservar a estos *ilotas* sometidos fue un gran problema para todos los líderes espartanos, y las rebeliones frecuentes de *ilotas* significaban que la inestabilidad y el caos eran a menudo la norma en toda Esparta.

La sociedad espartana también estaba fuertemente estratificada. La ciudadanía en Esparta estaba determinada por la sangre, y esto significaba que había muy poco espacio para la movilidad social ascendente. Esto resultó ser un problema importante para los espartanos más adelante, ya que los ciudadanos espartanos finalmente fueron superados en número por sus súbditos *ilotas*.

Sin embargo, quizás el logro más significativo en toda la historia espartana fue la derrota de los atenienses en la Guerra del Peloponeso. Este conflicto, que duró aproximadamente 30 años, enfrentó a las dos ciudades-estado griegas más grandes de la época, Atenas y Esparta, y el resultado, una victoria espartana, ayudó a restablecer todo el mundo antiguo. Fue el comienzo de un período de hegemonía espartana que fue radicalmente diferente de cuando los atenienses se establecieron en la cima del mundo griego.

Pero, desafortunadamente para los espartanos, su tiempo como líderes del mundo griego sería de corta duración. Se hicieron alianzas entre enemigos recientes y pasados, y estas coaliciones lograron abrumar a los espartanos y obligarlos a rendirse. Después de esto, Esparta decaería, pero continuaría siendo importante cuando los romanos tomaran el control de la mayor parte del Mediterráneo y el occidente de Asia.

Sin embargo, no debemos considerar el hecho de que Esparta finalmente decayó como una señal de que su tiempo no fue excepcional. Un deseo intermitente por la colaboración ayudó a producir una forma de gobierno verdaderamente única, y una precisa comprensión de lo que hace grande a un ejército ayudó a Esparta a crecer de un conjunto de cinco reducidas poblaciones al comienzo del último milenio antes de Cristo en una próspera polis griega que podría destacarse en el mundo griego.

Capítulo 1 – Quiénes Fueron los Espartanos

Como es el caso con muchas de las grandes civilizaciones del mundo antiguo, la historia de origen espartano está envuelta en misterio. Esto se debe en gran parte a las inconsistencias en la escritura y las tradiciones históricas de la época. Los textos nunca se escribieron — la historia oral sirvió de base para la mayoría de la documentación histórica— o son indescifrables.

Sin embargo, la mayoría de los historiadores comienzan su estudio de la antigua Esparta con Creta, que se considera en gran medida como la primera "civilización" real en Europa. De hecho, como discutiremos más adelante, los espartanos pueden haberse considerado a sí mismos como descendientes de los cretenses, e hicieron algunas hazañas para intentar imitar a esta gran civilización. Pero sería inexacto decir que Creta fue un precursor directo de Esparta y Grecia en su conjunto. Hablaban idiomas diferentes y tenían organizaciones políticas muy diferentes. En cambio, es mejor considerar a Creta como un punto de partida para lo que se convertiría en la norma en las civilizaciones mediterráneas a lo largo de la Edad de Bronce.

Como resultado, cuando se busca el origen de los espartanos y los griegos en general, es prudente comenzar con los micénicos, que fueron las primeras personas en la región que hablaron un idioma que eventualmente se transformaría en griego, que es una de las características más destacadas de la civilización griega. La era de los micénicos sentó las bases para Esparta y el resto del mundo griego, y esto hace que el estudio de los micénicos sea importante para cualquier estudio acerca de Esparta.

Laconia y el Peloponeso

Antes de adentrarnos demasiado en la historia del origen de los espartanos, es importante comprender primero la geografía de la región. Específicamente, ¿qué queremos decir cuando decimos "Esparta"? La mayoría de las personas pensarán en una ciudad cuando escuchen este nombre, pero esta es quizás una imagen inexacta.

La propia Esparta, incluso en el apogeo de su gloria y poder en la región, en realidad no era mucho más que una colección de pequeños poblados ubicados en la región que rodea la metrópoli actual de Esparta. De hecho, en comparación con algunas de las otras ciudades de la antigua Grecia, específicamente Corinto, Tebas y, la más importante, Atenas, Esparta habría sido un centro urbano bastante insignificante. Carecía de los grandes palacios y edificios públicos tan comúnmente asociados con Grecia, y esto podría hacer parecer que Esparta era mucho menor de lo que realmente era.

Sin embargo, esta idea sería errónea. La simplicidad de la metrópoli espartana no debería servir como justificación para subestimarla, y esto se debe principalmente a que el poder espartano se derivó de su capacidad para establecerse como la entidad más poderosa en la región que la rodea, que se conoce como Laconia, y también a menudo se conoce como Lacedemonia, o Lakonia.

Más adelante en su historia, Esparta se expandiría para ejercer su influencia sobre todo el Peloponeso, el nombre dado a la gran península en el sur de Grecia, donde encontramos no solo a Esparta, sino también a Corinto y Argos.

Parte del éxito de Esparta proviene de la fertilidad de la tierra. Esparta se encuentra en el río Eurotas, que proporcionó algunas de las mejores tierras de cultivo de toda Grecia. Además, el valle de Mesenia, al oeste de Esparta y las montañas de Taygetos, también eran altamente fértiles, brindando a la gente de la región los recursos que necesitaban para cultivar excedentes y hacer crecer una civilización. El siguiente mapa podría ayudar a brindar una visión de la geografía de la región.

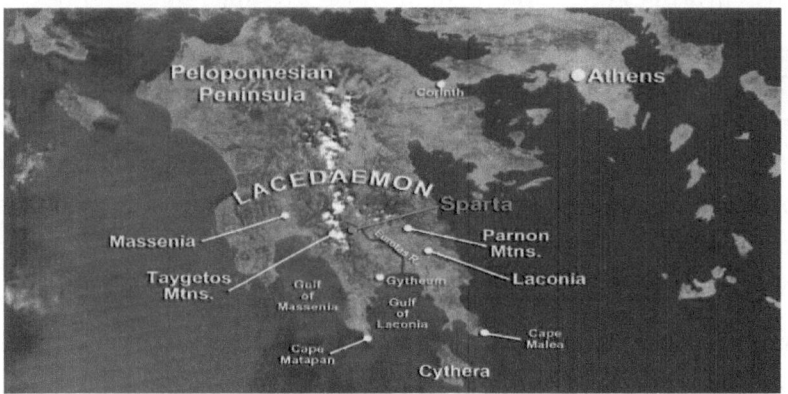

Sin embargo, debido a la fertilidad de la tierra y su proximidad al mar, los espartanos y los griegos en general estuvieron lejos de ser las primeras personas en habitar Laconia y el resto del Peloponeso. De hecho, la evidencia de la civilización humana en la región data del período neolítico, lo que significa que esta parte del mundo ha estado poblada durante al menos los últimos 6.000 años, quizás probablemente durante más tiempo.

No obstante, como se mencionó anteriormente, es difícil obtener una comprensión detallada de la vida en la antigua Grecia, o en cualquier parte del mundo, hasta los últimos milenios antes de Cristo, en gran parte debido a la falta de registros históricos confiables y descifrables. Sin embargo, tenemos información sobre la civilización que precedió directamente a los griegos, los micénicos, y esto sirve como un punto de partida útil para estudiar los orígenes de los griegos que eventualmente se convirtieron en espartanos.

El Ascenso y la Caída de los Micénicos

Los micénicos eran contemporáneos de Egipto, Hatti (los hititas) y Asiria, las civilizaciones predominantes en el Mediterráneo oriental en el segundo milenio antes de Cristo. Su nombre deriva de su ciudad capital, Micenas, que, en ese momento, con su población relativamente extensa y opulentos palacios, habría sido una ciudad modelo en el mundo griego antiguo.

Algunos historiadores argumentan que los micénicos eran en realidad solo una extensión de estas civilizaciones del Medio Oriente, pero este punto de vista ha caído en el favoritismo en la comunidad académica porque los micénicos eran muy distintos de sus vecinos de Asia occidental, principalmente porque hablaban griego, que era completamente único de cualquier otro idioma hablado por estas poderosas civilizaciones.

Pero sin importar cuán independientes fueran realmente los micénicos, su relevancia para el desarrollo de la región es difícil de pasar por alto, en gran parte porque ayudaron a establecer algunos de los primeros asentamientos permanentes en Laconia y el resto del Peloponeso, dando a luz a la civilización como la conocemos en esa región.

Además, los micénicos, adoptando diversas tradiciones, más específicamente las de la civilización minoica en Creta, desarrollaron la primera forma de griego escrito, que comúnmente se conoce como Lineal B. Este desarrollo permitió a los griegos, que se extendieran por Grecia continental, así como en Jonia (la costa occidental de Turquía), partes de Italia (como Sicilia y Cerdeña), y en todo el Egeo, unificarse más de lo que nunca antes lo habían hecho.

Debido a la grandeza de sus ciudades y de su idioma, los micénicos fueron considerados los antepasados de la antigua Atenas y Esparta por aquellos que vivieron durante la era griega clásica. Poetas famosos, como Homero, escribieron sus reconocidos trabajos sobre sus antepasados, y se cree que parte de la razón, o al menos una de las funciones de hacerlo, era intentar crear una versión de una identidad griega común que todos los griegos podrían adoptar. En ese momento, el trabajo de Homero se consideró histórico, pero ahora es esencialmente un consenso de que no lo fue, sin embargo, esto no debería descartar la importancia que tuvieron sus trabajos en el desarrollo de la cultura griega.

Es complicado conocer exactamente cuándo los micénicos comenzaron a establecerse en el Peloponeso, pero el año 1300 a. C. a menudo se utiliza como punto de referencia para estudiar el período. La cerámica exclusiva de Micenas se encuentra en la región a partir de esta época, al igual que otros artefactos de otras partes de Europa, como Creta, que demuestra la existencia del comercio internacional, lo cual es otra señal de que la civilización estaba creciendo y avanzando en el área.

Los historiadores también atribuyen el crecimiento de la influencia micénica en ese momento al hecho de que algunas de las culturas más poderosas del período, principalmente Egipto y los hititas, estaban en guerra entre sí. Debido a que estas civilizaciones estaban luchando entre ellas, habían puesto sus ojos en otra parte, permitiendo el crecimiento de la Grecia micénica, que serviría de base para la Grecia clásica y sus famosas ciudades como Esparta, Atenas, Tebas, Corinto, etc.

La influencia micénica en la región comenzó a disminuir hacia finales del segundo milenio antes de Cristo. Los asentamientos se dispersaron y la población comenzó a disminuir en la región. Sin embargo, el declive era la norma en gran parte del mundo antiguo en ese momento, por lo que el período de 1200 a.C. a 1050 a.C. a menudo se conoce como el colapso de la Edad de Bronce tardía. Una combinación de cambios climáticos, agitación política, probablemente causada por un aumento en el resentimiento de las masas hacia las élites políticas exclusivas, así como las invasiones de tribus nómadas en el norte, a menudo referidas como la "Gente del Mar", causaron estragos en el sur Europa y Asia occidental. Poco se conoce de este período de tiempo en particular, excepto que la civilización se detuvo por completo.

Cabe señalar que la caída de los micénicos y el comienzo del colapso de la Edad del Bronce tardío marcaron el comienzo de una era oscura en el mundo antiguo. Los griegos una vez más descendieron al analfabetismo, lo que simplifica mucho de lo que sabemos sobre la historia griega entre 1100 a. C. y 700 a. C., que es el resultado de una mera conjetura basada en la evidencia arqueológica disponible hoy en día. Podemos aprender un poco sobre este período de tiempo a partir de las cuentas dadas por los griegos de la era clásica, pero esto no debe considerarse como una verdad absoluta, en gran parte porque dichos griegos habrían tenido pocas fuentes principales, en caso de haberlas, sobre las cuales pudieran basar sus relatos históricos.

Sin embargo, los micénicos representan un punto de partida importante para toda la historia griega; no obstante, fue su eventual desaparición y expulsión de la región lo que ayudó a preparar el escenario para la próxima fase de la historia griega, más específicamente la invasión doria y la fundación de Esparta.

La Invasión Doria

Si bien los micénicos fueron responsables de ayudar a unificar al pueblo griego y forjar el comienzo de una identidad griega, debemos tener precaución de referirnos a los griegos como un solo pueblo, en gran parte porque ellos mismos no veían las cosas de esa manera. Los griegos, o los "helenos" en griego, sentían que todos los griegos podían dividirse en uno de los cuatro grupos étnicos: los aqueos, los eólicos, los jonios y los dorios.

Para los historiadores, resulta un poco complicado entender exactamente cómo los griegos habrían hecho distinciones entre ellos, pero se cree ampliamente que el lenguaje era uno de los puntos clave. Todos hablaban griego, pero cada grupo hablaba un dialecto diferente, y esto habría facilitado a los griegos en ese momento distinguir qué ciudad o pueblo era dórico, jónico, eólico o aqueo.

Durante la época de los micénicos, se considera que los aqueos eran el grupo más dominante en la cultura griega. Homero, aunque escribió ficción, utilizó el término "aqueos" más comúnmente cuando se refiere a los griegos de la era micénica. Sin embargo, esto cambiaría durante el colapso de la Edad de Bronce tardía. Los dorios y su dialecto dórico suplantarían a casi toda la población aquea en el Peloponeso y, junto con los jonios, se convirtieron en uno de los dos grupos más prominentes dentro de la sociedad griega.

Estos hechos no están en debate. Pero lo que sigue continúa siendo un misterio para la mayoría de los historiadores, y es exactamente cómo sucedió. De acuerdo con los registros históricos creados por los propios dorios, su llegada del noroeste de Grecia al Peloponeso y otras partes del centro de Grecia fue el resultado de una "invasión" sistemática y orquestada de los micénicos. Afirman que esta invasión fue la razón directa del colapso de la civilización micénica, pero la mayoría de los historiadores dudan que así sea. En cambio, generalmente se cree que los micénicos colapsaron debido a la combinación de factores mencionados anteriormente: cambios climáticos, agitación política e invasión de tribus extranjeras (no de otros griegos).

Sin embargo, aunque la mayoría de los investigadores dudan de que la invasión doria fue la razón principal de la caída de los micénicos, pocos dudan de que esta "invasión" realmente tuvo lugar. Después de todo, existe poca evidencia de la civilización dórica en el Peloponeso antes de la caída de los micénicos, y posteriormente, los dorios fueron, por mucho, los grupos étnicos más grandes de la península. Esto ha ayudado a convertir la idea de una invasión en un concepto más histórico que puede usarse para explicar el cambio demográfico radical que tuvo lugar en la región.

Sin embargo, existen escépticos del concepto de "invasión", y su argumento principal es que los dorios siempre vivieron en el

Peloponeso, pero fueron oprimidos como una subclase durante los tiempos de los micénicos. Luego, cuando el control micénico del poder comenzó a debilitarse como resultado de la invasión extranjera y los problemas políticos internos, los dorios pudieron derrocar a las clases dominantes e instalarse como la clase dominante. Otra teoría alternativa es que los dorios, que se originaron en la región montañosa del noroeste de Grecia y sobrevivieron manteniendo manadas de animales, simplemente emigraron del áspero terreno de su tierra natal para ocupar el Peloponeso, que habría estado relativamente deshabitado durante los últimos años del segundo milenio antes de Cristo gracias al rápido declive de la civilización micénica.

No obstante, también es probable que esto no incluya la historia completa. El grupo de dorios que se acredita por ocupar por primera vez Laconia en el Peloponeso (el futuro hogar de Esparta) fue dirigido por dos reyes gemelos que eran descendientes de las familias Europóntidas y Agiadas, y los primeros reyes registrados que vinieron de estas familias llevaban nombres que vertieron luz sobre lo que se consideraba importante para los primeros dorios que se asentaron y ocuparon el Peloponeso. Por ejemplo, uno de los primeros reyes se llamaba Eurístenes, que se traduce como "Fuerza en Todo Lugar", y sus predecesores se llamaban "Líder", "Poseedor del Ejército", "Pastor del Pueblo", etc.

Estos nombres son probablemente el resultado de la naturaleza pastoral de los primeros dorios. El terreno difícil del noroeste de Grecia les habría inculcado una tradición de guerra, ya que su sustento habría dependido de su capacidad para proteger a sus rebaños del hombre y la bestia, y esta tradición habría continuado cuando los dorios comenzaron a llegar al Peloponeso. Esta dependencia de la fuerza y la acción militar también puede explicar en parte por qué la civilización espartana se desarrolló con un firme énfasis en la tradición militar. Durante gran parte de la historia, los dorios, que eventualmente se identificarían como espartanos, construyeron toda su sociedad en torno a la construcción y el mantenimiento de un poderoso ejército, y es probable que esto se deba al menos en parte a sus raíces como pastores nómadas, cuya supervivencia dependía de su capacidad para empuñar un arma.

Como resultado, cuando los dorios llegaron por primera vez a Laconia en 1000 a. C., su objetivo principal era expulsar a cualquiera que viviera allí y asegurar todas las carreteras y pasajes que conducían al territorio. Es posible que hubieran tomado esta postura después de notar cuán fértil era la tierra en Laconia. Este tipo de paisaje habría sido inimaginable para las poblaciones dóricas anteriores, y esto habría hecho del territorio un lugar muy codiciado para instalar un asentamiento permanente.

Se desconoce la fecha exacta de la fundación de Esparta. Como se mencionó anteriormente, los asentamientos habían existido en la región durante miles de años. Pero se cree que los espartanos que llegarían a dominar la antigüedad clásica fueron fundados por estos grupos dorios que ocupaban Laconia en el siglo IX a. C.

Curiosamente, sin embargo, Esparta no fue necesariamente "fundada". En cambio, fue creada al reunir a cuatro poblaciones prominentes en el Valle de Eurotas. Estas cuatro poblaciones fueron: Limnai, Kynosoura, Mesoa y Pitana. Finalmente, Amiclas, que era un poderoso pueblo ubicado a varias millas de los otros cuatro, se convirtió en parte de Esparta, y junto con los demás lograron construir una ciudad que se convertiría en una de las más poderosas en no solamente todo Peloponeso, sino también en todo el mundo griego.

Conclusión

Los detalles exactos de la historia del origen espartano siguen siendo, desafortunadamente, un misterio. Durante el ascenso de Esparta al poder, los relatos glorificados de una invasión dórica masiva dominarían la conciencia pública, pero incluso si fueran falsos, ayudaron a fomentar a personas orgullosas que poseían las habilidades y los recursos necesarios para construir una civilización poderosa que lograra dominar con éxito el Peloponeso y desafiar a algunas de las otras ciudades-estado más poderosas del mundo griego, como Argos, Corinto, Tebas y, por supuesto, Atenas.

Así mismo, tras la fundación de Esparta y la formación de asentamientos dóricos en el Peloponeso, la escritura se generalizó. Los griegos se interesaron en escribir los hechos, en lugar de glorificarlos, algo que era común en los tiempos micénicos, lo que nos ayuda a tener una imagen mucho más precisa de cómo habría sido la vida tanto para la clase dominante como para la clase trabajadora de Esparta y el resto de Grecia.

Como resultado, podemos considerar 900 a. C. como un buen punto de partida para analizar la historia espartana. Pero pasaría mucho tiempo, más de 500 años, antes de que Esparta se convirtiera en el gran imperio que ahora conocemos. Primero, necesitaba asegurar a Laconia, y posteriormente necesitaba establecer su presencia como el hegemón del Peloponeso, una hazaña que requeriría fuerza militar y maniobras políticas. Pero una vez que lo lograron, Esparta pudo ser capaz de enfrentar a sus vecinos en igualdad de condiciones, abriéndose para convertirse en un jugador importante en el escenario internacional.

Entonces, aunque esta etapa inicial es importante, es la siguiente etapa, definida por las Guerras Mesenias, la que ayudó a catapultar a Esparta de una humilde colección de tribus nómadas a una de las civilizaciones más poderosas del mundo antiguo.

Capítulo 2 – El Crecimiento del Poder Espartano: Las Guerras Mesenias

El Peloponeso fue y sigue siendo un lugar concurrido. Como resultado, cuando los dorios, que pronto serían conocidos como los espartanos, llegaron por primera vez a la escena, todavía quedaba trabajo por hacer para asegurar su propio lugar en la península.

Este hecho requirió un enfoque militar y político. Por un lado, Esparta necesitaba demostrar su superioridad militar en comparación con las otras ciudades-estado en el Peloponeso, y también necesitaba consolidar el poder dentro de la propia Esparta. Existieron diversas estrategias para lograrlo, y la combinación espartana de ofrecer tierras a cambio de alianzas estratégicas y esencialmente esclavizar a aquellos que optaron por resistir terminó siendo una forma muy exitosa de establecer su influencia en el Peloponeso.

Sin embargo, llevaría bastante tiempo que Esparta pudiera ejercer su influencia sobre la región, y aunque se convirtió en la entidad más poderosa en el Peloponeso y quizás en todo el mundo griego, dependerían para siempre de la ciudad-estado vecina de seguridad y poder.

De hecho, este es un tema común cuando se estudia la historia griega antigua: una ciudad-estado es tan poderosa como sus aliados. Pero incluso para llegar al punto en que pudieran desafiar a algunas de las ciudades-estado más poderosas de la región, Esparta tuvo que realizar un poco de organización política y, por supuesto, luchar.

Asegurando Laconia y Estableciendo "Aliados"

Una de las primeras cosas que hicieron los reyes espartanos después de fundar la ciudad fue expulsar a las poblaciones en el distrito de Cinuria, que se encuentra al este de Laconia. Esta era una importante zona de amortiguamiento entre Esparta y Argos, la ciudad-estado al noreste de Esparta que era su mayor rival.

La estrategia principal para eliminar a sus enemigos de esta región era repoblar el área con personas que representarían una amenaza menor. Los espartanos lo lograron enviando hombres a la región que serían leales a ellos, y aseguraron aún más esta lealtad al ofrecer extensiones de tierra a cambio de un compromiso con Esparta y defender su propio territorio contra los invasores. Más tarde, se esperaba que los "aliados" enviaran artesanos y comerciantes a Esparta.

En términos generales, el acuerdo entre Esparta y los "aliados" era muy simbiótico. De este acuerdo, los espartanos obtuvieron una población leal que estaba dispuesta a ofrecer hombres y recursos en defensa de los territorios, y a cambio, los "aliados" consiguieron tierras para trabajar como quisieran, libertades que habrían sido difíciles de conseguir en tiempos antiguos. Los reyes espartanos también consideraban que la administración de estos territorios era parte de su deber, lo que ayudaría a proporcionar mayor seguridad a los aliados.

Sin embargo, aquellos territorios que no se hicieron "aliados" tampoco fueron tratados como tal. En cambio, los espartanos designaron a cualquier persona considerada contraria a la autoridad espartana como *ilota*. Existen dos posibles explicaciones para este término, y ambas ayudan a arrojar luz sobre cómo podría haber sido la vida como un *ilota*. La primera explicación es la traducción directa de la palabra, que es "cautivo". La segunda explicación es que la primera ciudad que conquistaron los espartanos se denominaba Helos, y sus residentes, que habrían sido llamados *ilotas*, se convirtieron en trabajadores en condiciones de servidumbre. Por lo tanto, cualquier otra persona que también se redujo a este estatus habría sido considerada un *ilota*, incluso si no fueran originarios de Helos.

Como era de esperar, los *ilotas* eran un problema constante para los espartanos. Cuando Esparta intentó expandirse, los *ilotas* siempre estaban ansiosos por ofrecer su apoyo a cualquier extraño que pudiera derrotar a los espartanos, ya que esto se consideraba como una oportunidad para ganar su libertad. Sin embargo, rara vez funcionó, y los intentos de rebelarse contra los espartanos a menudo fueron castigados con bastante severidad. Durante la Guerra del Peloponeso, que se libró entre Atenas y Esparta, los atenienses lograron establecer una base en el Peloponeso y permitieron que los *ilotas* se refugiaran ahí, lo que debilitó en gran medida a los espartanos. Pero este es uno de los pocos casos en que esta estrategia dio resultado, y se discutirá con más detalle en las secciones dedicadas a este gran conflicto.

Organizando las Polis Espartanas

Si bien era importante que los espartanos establecieran su autoridad en toda Laconia, era igualmente, si no más crítico, que los reyes espartanos encontraran formas de asegurar su control del poder dentro de la propia Esparta.

En las primeras etapas de la historia griega, reyes y aristócratas afirmaban ser descendientes directos de Heracles, el hijo de Zeus. Esta ascendencia divina inculcó en las clases dominantes un sentido del deber de proteger la *polis*, que es la palabra griega para una ciudad o pueblo. Esto significaba que los reyes y otros aristócratas eran a menudo los primeros en arriesgar sus vidas y todo lo que poseían para mantener la *polis* a salvo. Como resultado, no solo los reyes se veían a sí mismos como importantes, sino también el resto de los aristócratas, lo que significaba que debían ser apaciguados para que el rey gobernara de manera efectiva. Para lograrlo, los reyes establecieron un consejo compuesto por aristócratas mayores, y se les otorgó una voz importante en los asuntos de la *polis*.

Muchos afirman que los reyes espartanos y los aristócratas crearon la primera verdadera *polis* griega. Esto se debe a que Esparta fue el resultado de la formación única de los espartanos. Antes de esto, las poblaciones en su mayoría luchaban entre sí, pero la llegada de los dorios y sus reyes ayudó a establecer las condiciones para la cooperación, lo que alentó a las personas a colocar las necesidades de la *polis* por encima de las suyas.

Otro hecho interesante a tener en cuenta sobre la historia espartana en su inicio es que la polis en realidad estaba gobernada por dos reyes independientes, uno de cada una de las familias gobernantes. Esto probablemente ayudó a alentar aún más el clima de cooperación, ya que los aristócratas habrían tenido más escenarios para expresar sus opiniones, lo que les facilitaría obtener lo que querían de los monarcas.

No está claro exactamente por qué sucedió, pero muchos creen que fue un resultado directo del hecho de que Esparta se formó uniendo cuatro, y posteriormente cinco, ciudades muy poderosas. Ambas familias de las que vendrían todos los primeros reyes de Esparta, Európóntidas y Agiadas, provenían de Limnai y Pitana, respectivamente. Una teoría común es que cada una de estas dos ciudades absorbió a otra, Limnai absorbió a Kynosoura y Pitana tomó Mesoa, y establecieron dos reyes para apaciguar a los cultos religiosos presentes en ese momento. Pero sin importar la razón, la formación de Esparta fue muy particular, como lo fue su forma inicial de gobierno.

En general, la combinación de conquistar, esclavizar y repoblar los territorios que rodean a Esparta con la cooperación política de las élites espartanas le brindó a Esparta una gran influencia en la región. Y cuando Amiclas se agregó a la *polis*, Esparta obtuvo acceso a los recursos y la riqueza de Amiclas y más tarde a sus clases dominantes de élite.

Pero el resultado final de todas estas maniobras fue que Esparta, para el año 740 a. C., controlaba casi toda Laconia. Los micénicos habían sido expulsados, asesinados u ofrecidos poder político a cambio de su subordinación, y los dorios se habían convertido en el grupo étnico dominante en la región. Los accesos que bajaban por las montañas hacia Laconia habían sido asegurados, y Esparta, tal como la conocemos, había surgido. Pero los espartanos no habían terminado. Como es el caso en casi todas las civilizaciones, los espartanos buscaron expandirse, y esto significó aventurarse en Mesenia, la región al oeste de Laconia, en busca de tierra y gloria.

La Primera Guerra Mesenia

Al observar el Peloponeso, existe una característica además de su asombroso parecido con una mano humana que destaca: las montañas. Grecia es el hogar de algunas de las montañas más conocidas del mundo, incluido el infame Monte Olimpo, donde supuestamente residían los dioses griegos y donde la tradición de los Juegos Olímpicos se introdujo por primera vez en el mundo.

Sin embargo, por hermosas que sean estas montañas, hacen la vida bastante difícil. Es casi imposible cultivar, y las temperaturas más frías dificultan la supervivencia de las personas y animales. Como resultado, la tierra en el Peloponeso que no es montañosa siempre fue la más deseada por quienes vivían en la zona.

Laconia, que incluye el valle de Eurotas, es una de las zonas más fértiles de Grecia. Su exuberancia solo es superada por la región directamente al oeste de Laconia, Mesenia, y esto ayuda a proporcionar una explicación de por qué los espartanos estaban tan interesados en tenerlo bajo su mando tan pronto como sintieron que tenían un control seguro sobre Laconia. Pero más allá del deseo de tener lo que parece fuera de su alcance, los espartanos pudieron haber tenido razones muy prácticas para querer ejercer su influencia en la región de Mesenia. Específicamente, la tierra fértil en el Valle de Eurotas habría causado que la población de la región se expandiera, lo que significa que habría sido necesario encontrar nuevas tierras en las que la gente pudiera vivir.

Existe alguna evidencia que sugiere que los espartanos sintieron que existía una enemistad de larga duración entre las personas de ambas regiones y que esta animosidad fue, de hecho, la razón por la cual los espartanos estaban tan motivados para conquistar Mesenia. Es probable que hubiera una especie de rivalidad, especialmente cuando los griegos dorios se hicieron más presentes en Laconia y comenzaron a considerar a otros griegos como una amenaza. Pero es difícil confirmar que esta enemistad fuera la razón principal de la guerra. En cambio, probablemente sea mejor considerar una combinación de factores. En otras palabras, los espartanos necesitaban la tierra, y los mesenios demostraron ser el objetivo más lógico. El poder espartano había crecido considerablemente en el siglo VIII a. C., y esto los habría colocado en una posición favorable para atacar a los mesenios y colocar a su pueblo y su territorio bajo su control.

Otra razón por la cual los espartanos habrían elegido a los mesenios como el punto focal de su expansión en ese momento era que los mesenios en el siglo VIII a. C. eran personas relativamente rezagadas, y también es probable que Esparta, junto con quizás Corinto, se convirtiera en una de las *polis* más avanzadas en todo el mundo griego.

De hecho, la evidencia arqueológica sugiere que no existía una sola *polis* en toda Mesenia, lo que significa que la población estaba dispersa en pequeños pueblos y tribus nómadas. Además, no existe evidencia de que se utilizaran herramientas de bronce en aquel momento, algo que habría colocado a los mesenios en una clara desventaja en un conflicto con los espartanos. Lo único que había impedido que Esparta invadiera Mesenia era el hecho de que los mesenios tenían el apoyo de los argivos, es decir, la gente de Argos. Esparta era, en el mejor de los casos, igual a Argos, y una guerra con ellos probablemente habría dado pocos buenos resultados.

Sin embargo, los argivos se involucraron en conflictos con Chalcis y Eritrea, dos *polis* en la isla de Eubea, un conflicto que se conoce como la Guerra Lelantina, y esto les brindó a los espartanos la oportunidad que necesitaban para atacar a los mesenios sin preocuparse por la interferencia de los argivos. Poco se sabe sobre los eventos específicos de la Guerra de Mesenia y también de la Guerra Lelantina, en gran parte porque, como se mencionó anteriormente, los griegos en este punto de la historia todavía eran en gran medida analfabetos, lo que significa que no habría nadie escribiendo la historia mientras estaba sucediendo. La mayor parte de lo que sabemos ahora es gracias a la evidencia arqueológica, así como a los pocos documentos que se crearon después de que terminaron las guerras.

Como resultado, es difícil saber exactamente de qué territorio los espartanos lograron tomar el control como resultado de sus campañas en Mesenia. Se cree que los espartanos tomaron una ruta hacia el sur de Mesenia, eligiendo evitar el monte Taygetos, que es una de las montañas más grandes de toda Grecia. Esto habría llevado al ejército espartano a la ciudad moderna de Kalamata, que en ese momento se denominaba Pharai. Sin embargo, a pesar de la falta de claridad sobre cómo invadieron los espartanos y cómo se libró la guerra, existe un consenso de que al final de esta invasión Mesenia había caído ante los espartanos, brindándoles el control sobre un territorio que habían deseado poseer durante mucho tiempo.

Al igual que hicieron con algunas de las poblaciones de Laconia que inicialmente se resistieron al gobierno espartano, los espartanos comenzaron a esclavizar a la gente de Mesenia casi tan pronto como habían terminado su conquista, convirtiendo a la mayoría de la población de la región en *ilotas*.

hierro, para hacer no solo figuras, sino también escudos y armas. Esto produjo grandes avances en los tipos de armamento de guerra disponibles para las ciudades-estado griegas, que resultarían útiles cuando se enfrentaran a serias amenazas del exterior, especialmente de los persas.

Por último, los griegos comenzaban a expandirse. En el siglo VIII a. C., se podían encontrar griegos en todo lo que ahora es Grecia continental, pero también vivían en las diversas islas dispersas por todo el Egeo. Además, comenzaron a establecerse en Asia Menor, que es la parte occidental de la Turquía actual. Sin embargo, durante el siglo VIII, los griegos comenzaron a expandirse hacia el oeste, y algunas ciudades, como Corinto, lograron establecer colonias en el oeste que servirían como fuente de poder y riqueza en los siglos venideros.

Esparta participó en todos estos desarrollos importantes con la excepción de esta expansión hacia el oeste. Pero es difícil afirmar que fueron responsables de alguno de ellos. La escritura griega escrita, junto con los muchos poemas y libros que se habían escrito con él, se les inculcó a través del comercio o tal vez incluso en los Juegos Olímpicos, que comenzaron en 776 a. C. y se llevaron a cabo cada cuatro años a partir de entonces.

Los espartanos también habían aprendido muchos de los secretos de la metalurgia de sus compañeros griegos, y esto les permitió mantenerse al día en términos de tradición militar. Pero a pesar de que este crecimiento en el mundo griego estaba ayudando a impulsar esta gran cultura hacia su Edad de Oro, Esparta se mantuvo enfocada en mantener sus posesiones en el Peloponeso.

Quizás esto se debió al estilo de vida idílico que las élites espartanas habrían vivido después de su expansión inicial en Mesenia— la comida era abundante, el clima era agradable, había poca amenaza de invasión extranjera— o tal vez había otras fuerzas en juego. Pero sin importar la causa, a mediados del siglo VIII a. C., Esparta se había establecido como una de las fuerzas dominantes en el

Peloponeso, y continuaría haciéndolo a medida que comenzara una nueva era de la historia griega.

La Segunda Guerra Mesenia

El motivo principal de la Primera Guerra Mesenia fue la conquista. Los espartanos habían aspirado durante mucho tiempo a controlar Mesenia, y cuando la sobrepoblación se convirtió en un problema en el siglo VIII, Mesenia era el objetivo lógico de la agresión espartana.

Sin embargo, las cosas serían diferentes en la Segunda Guerra Mesenia. Como se mencionó anteriormente, la estrategia espartana para asegurar el control sobre los mesenios era convertirlos a todos en *ilotas*, lo que significaba que la mayoría de la población había sido forzada a la esclavitud. No hace falta ser un experto en gobernanza para saber que esta no es una forma efectiva de mantener el control sobre una región, por lo que no debería sorprendernos que los *ilotas* que vivían en Mesenia se rebelaran con frecuencia.

La primera vez que lo lograron de una manera significativa fue solo aproximadamente 40 años después del final de la Primera Guerra Mesenia. La mayoría de los estudiosos señalan la Batalla de Deres, que tuvo lugar en 684 a. C., como el comienzo de la guerra. Esta batalla se libró entre Esparta y Argos, y la mayoría de la evidencia sugiere que los espartanos habían intentado invadir el territorio reclamado por Argos. Sin embargo, fueron rechazados, y esto lanzó un conflicto que duraría aproximadamente 20 años y que serviría como una parte definitoria de la historia espartana.

Nuevamente, la falta de evidencia histórica hace que sea difícil reunir todas las piezas de este conflicto, pero existe más información sobre ello que cualquier otro anterior, en gran parte porque la escritura se estaba generalizando en ese momento.

La estrategia empleada por los argivos para tratar de vencer a los espartanos después de su invasión infructuosa es la que sería utilizada por la mayoría de los enemigos de Esparta a lo largo de la historia. Específicamente, los argivos se aliaron con los *ilotas*, inspirando una rebelión que esperaban debilitaría a los espartanos y los haría más fáciles de derrotar.

Para lograrlo, los argivos, a quienes en este punto también se les habían unido los arcadios (las personas que vivían en Arcadia), solicitaron la ayuda de Aristómenes, un anterior rey de Mesenia que todavía tenía muchos seguidores en la región. Le prometieron apoyo si lanzaba un ataque contra los espartanos, el cual efectuó en 684 a. C. en la batalla de Deres. Sin embargo, Aristómenes atacó antes de que sus aliados tuvieran la oportunidad de llegar, y esto produjo un resultado no concluyente en la batalla. Pero los mesenios creían que habían ganado, y esto desencadenó una rebelión a gran escala de los mesenios, que en ese momento vivían como *ilotas*. Aristómenes fue nombrado rey, y la guerra continuaba.

Tras la Batalla de Deres, Aristómenes cruzó las montañas Taygetos y entró en Esparta. Existe la leyenda de que logró ingresar a Esparta y colocar un escudo en el templo de Atenea, un movimiento que asustó a los espartanos y los alentó a buscar orientación del Oráculo en Delfos.

Pero el éxito de Aristómenes fue de corta duración. Los espartanos sobornaron a los argivos y a los arcadios para que abandonaran su apoyo a la rebelión, y esto devastó la fuerza mesenia. Sin embargo, no iban a rendirse fácilmente, al menos si Aristómenes estaba involucrado. Se retiró con su ejército a la ciudad fortificada conocida como el monte Eira (Ira). Los mesenios lanzaron incursiones en los territorios cercanos, pero esta estrategia no prevaleció durante mucho, ya que los espartanos llegaron y sitiaron la ciudad.

Para todos los efectos, lo anterior marcó el final de la guerra. Sin embargo, el final real no vendría hasta unos 11 años. Aristómenes logró evitar una invasión a gran escala durante todo este tiempo, y debido a esto, se contaron muchas historias y leyendas sobre su valentía y actitud audaz. Una de esas leyendas es que después de la caída del monte Eira, Aristómenes escapó a la ciudad de Rodas y fue aceptado por los dioses como uno de los suyos. Pero, como habría de esperarse, esto no es verdadero. En cambio, escapó y fue celebrado como un héroe hasta su muerte.

Desafortunadamente para los *ilotas* de Mesenia, la historia de Aristómenes no es común. Los que aún estaban vivos después de la caída del monte Eira se convirtieron nuevamente en *ilotas*. Además, este conflicto enfatizó a los gobernantes espartanos la necesidad de gobernar la región con una fuerza militar vasta. De hecho, la mayoría de los historiadores señalan a la Segunda Guerra Mesenia como la razón por la cual Esparta se enfocó de manera específica en su tradición militar. La experiencia les había enseñado que la fuerza era la única forma de asegurar su región, y después de la gran rebelión ilícita liderada por Aristómenes, estaba claro que se necesitaba mucha más fuerza. Esta decisión es lo que ayudó a convertir a Esparta en el gigante militar que se convertiría en los próximos siglos.

Conclusión

Teniendo en cuenta lo que vendría después del siglo VII a. C., uno podría fácilmente considerar este momento como el comienzo de la historia espartana. Las guerras con Persia y, finalmente, Atenas, servirían como momentos definitorios tanto en la historia griega como mundial, y la eventual aparición de los macedonios bajo el mando de Felipe y más tarde Alejandro Magno ayudaría a consagrar aún más a los griegos en los anales de la historia mundial.

Sin embargo, es importante estudiar lo que vino antes de ello para que podamos entender en qué tipo de mundo vivían los espartanos a medida que crecía su poder. Pero quizás, lo más importante, ayuda a tener claridad sobre por qué Esparta se convirtió en lo que fue.

La idea común de Esparta es que tenía un ejército fuerte, lo que sin duda es cierto. Y estudiar los orígenes de los espartanos ayuda a tener claridad sobre por qué este fue el caso. Siendo inicialmente una sociedad de pastores que necesitaba luchar para proteger a su rebaño, los espartanos necesitaban luchar para asegurar la tierra para su creciente población y posteriormente derrotar a los que amenazaban dicha tierra. Estas lecciones ayudarían a brindar forma a la conciencia espartana colectiva y ayudarían a liberarnos de una de las civilizaciones más grandes del mundo antiguo.

Capítulo 3 – La Creciente Rivalidad con Atenas: Las Guerras Greco-Persas

Al final de la Segunda Guerra Mesenia, el mundo griego estaba en alza. Grandes ciudades como Tebas, Corinto y, por supuesto, Atenas estaban creciendo no solo en tamaño, sino también en poder e influencia. Las cosas no fueron diferentes en Esparta, aunque hemos reconocido que los espartanos eran mucho más aislacionistas que cualquiera de las otras polis griegas, y esto se debía en gran parte a su historia y experiencia únicas tratando de ganar y asegurar Laconia y los territorios circundantes.

Sin embargo, debe tenerse en cuenta que, aunque nos referimos a los griegos colectivamente, lo hacemos en este momento de la historia solo para referirnos al grupo etnolingüístico. No existía una nación unificada en ese momento. De hecho, los griegos se organizaban en ciudades-estado, y cualquier unidad que lograban era el resultado de alianzas comerciales y militares, que cambiaban con frecuencia. No solo era común que los griegos lucharan contra otros griegos, sino que era prácticamente la ley.

Por citar un ejemplo, la Guerra del Peloponeso, que es posiblemente la guerra más extensa e influyente en la historia griega, se libró entre

Atenas y Esparta, lo que significa que fue esencialmente una guerra civil. Pero esto no tendría lugar hasta el siglo V, y entre el siglo VII y V, el mundo griego vivió en relativa paz y armonía, aunque la palabra clave aquí es relativa. Las rivalidades todavía eran intensas, y el conflicto entre las ciudades-estado griegas, que consistía en cualquier cosa, desde pequeñas escaramuzas hasta grandes batallas, todavía ocurría, aunque no en la medida en que lo veremos a partir del siglo V a. C.

Sin embargo, esta lucha interna y división se detendrían por completo durante la primera parte del siglo V a. C. Como ha sucedido en muchas ocasiones a lo largo de la historia, un enemigo común obligó a los griegos a dejar de lado sus diferencias y encontrar formas de trabajar juntos. Esto se debe a que los persas, que habían logrado tomar el control de casi todo el oeste de Asia, así como partes de Egipto y la Península Arábiga, colocaron su atención en Grecia en el siglo V a. C. y con uno de los ejércitos más extensos e impresionantes de la era antigua, representaban una amenaza para la existencia misma de Grecia. Esto reunió a muchas de las ciudades-estado griegas más poderosas, principalmente Atenas y Esparta, para luchar contra lo que finalmente se conoció como las guerras greco-persas.

Pero esta unión sería de corta duración. Las ambiciones diferentes, así como las ideas de quién tenía el control, causaron una gran fricción entre Atenas y Esparta, y esto finalmente resultó en la Guerra del Peloponeso, que tendría efectos a largo plazo en la historia griega. Sin embargo, antes de llegar a ese punto, es importante comprender cómo Grecia, y más específicamente Esparta, se desarrolló a lo largo de los siglos VII, VI y V.

Consolidando Laconia y la Gran Retra

Después de que la Segunda Guerra Mesenia terminara en 668 a. C., Esparta había agregado una vez más a Mesenia a su ámbito de actuación que también incluía a toda Laconia. Sin embargo, como notamos en la guerra, su control sobre el poder en Mesenia fue, en el mejor de los casos, tenue. Los *ilotas* habían demostrado ser un grupo estridente, y mantenerlos bajo control, y posteriormente el territorio de Mesenia, requeriría un enfoque firme.

Este proceso de consolidación ayudó a Esparta a ganar aún más poder en el mundo griego, en gran parte porque demostró a sus aliados y enemigos que el ejército espartano era una fuerza de combate principal que no debía tomarse a la ligera. Y los espartanos ejercieron este poder al involucrarse cada vez más en los asuntos de otras ciudades-estado griegas que en ese momento podrían no haber estado experimentando el mismo nivel de cohesión política que Esparta, lo que significa que estaban abiertos a la intervención extranjera. Estas intromisiones ayudaron a Esparta a aumentar su prominencia política, lo que resultó en que se convirtieran en el líder de la Liga del Peloponeso. Esta coalición de ciudades-estado ubicadas en el Peloponeso representó una fuente importante de poder espartano, y sus raíces se pueden encontrar en los eventos que tuvieron lugar después de la Segunda Guerra Mesenia.

No obstante, antes de ir demasiado lejos en la formación de la Liga del Peloponeso, es importante observar lo que estaba sucediendo dentro de la propia Esparta. Como se mencionó anteriormente, Esparta en ese momento estaba gobernada por dos reyes, uno que descendía de la familia Eurypóntidas y otro que provenía de las Agiadas. Este era un arreglo algo único en el mundo antiguo, y como era de esperar, causó una gran confusión dentro de Esparta sobre quién tenía el control.

Un desarrollo interesante que surgió de los reyes duales de Esparta fue que se estableció un poderoso consejo de ancianos para ofrecer orientación a los reyes. Debido a que este consejo habría podido tratar con cualquiera de los reyes, ganó considerable influencia en la política espartana, y en el siglo VII a. C., con la creación de la "Gran Retra", se habría vuelto aún más importante dentro del gobierno espartano.

La Gran Retra es el equivalente a una constitución, aunque nunca fue formalmente firmado o acordado. De hecho, todavía existe mucha controversia sobre la naturaleza de cómo— ¿fue escrita por un rey? ¿Un grupo de aristócratas? ¿La asamblea espartana? Además, existe poca precisión sobre cuándo se escribió exactamente la Gran Retra, así como su significado exacto. El texto original, al menos según una traducción, indica:

Cuando construyó un templo para Zeus Syllanius y Athena Syllania, dividió a la gente en "phylai" y en "obai", y estableció un senado de treinta miembros, incluido el "archagetai", y cada cierto tiempo "appellazein" entre Babyca y Cnacion, y ahí introducen y rescinden medidas; pero el pueblo debe tener la voz decisiva y el poder.

Como se mencionó, esta es solo una traducción del texto, pero todos parecen estar de acuerdo en que esta declaración es una afirmación de que el Senado, o el Consejo, es el órgano más importante del gobierno. Los "archagetai", los reyes, deben formar parte del Senado, y se reconoce que el pueblo tiene el poder supremo en los asuntos espartanos.

La razón exacta por la cual se emitió la Gran Retra se desconoce, pero la mayoría de los historiadores creen que fue en respuesta al mundo cada vez más caótico en el que se encontraban los espartanos. Como hemos mencionado en varias ocasiones, los espartanos no estaban particularmente interesados en los asuntos de otras ciudades-estado, pero estaban preocupados por protegerse, lo que a veces requería un enfoque más proactivo.

Más específicamente, el tumulto causado por la rebelión *ilota* y la Segunda Guerra Mesenia habría perturbado el mundo espartano. Y cuando se establecieron tiranías en otras partes de Grecia, especialmente en Argos y Atenas, los espartanos habrían sentido amenazada su autonomía, y esto requería una estructura de gobierno más claramente definida, que se creó gracias a la Gran Retra.

Asegurando el Peloponeso

Usando este gobierno recién organizado, los espartanos se dispusieron a tratar de reforzar su control sobre el resto del Peloponeso. Sin embargo, esta no fue una tarea sencilla, considerando que el Peloponeso ahora albergaba algunas ciudades-estado bastante poderosas, principalmente Argos, Arcadia y Corinto, y muchas de las ciudades-estado más pequeñas en la península, como Tegea, eran leales a una de estas otras polis.

Se cree que los espartanos intentaron invadir Arcadia atacando a los tegeanos en la segunda mitad del siglo VII con la esperanza de convertir a toda la población en *ilotas*. Es probable que esto haya sido un intento de castigar a los arcadios por su apoyo a los *ilotas* mesenios que se rebelaron y causaron la Segunda Guerra Mesenia. Además, Arcadia a menudo servía como refugio para los *ilotas* que escapaban, lo que habría hecho enojar a los espartanos y estar más dispuestos a pelear con ellos. Pero la evidencia histórica que tenemos sobre este intento de invasión de Tegea y Arcadia sugiere que fue un inevitable fracaso. De hecho, los espartanos que invadieron Tegea fueron capturados y obligados a trabajar las tierras de los tegeanos como esclavos, lo que sirve como un giro irónico, ya que los espartanos entraron por primera vez en su tierra con la esperanza de convertir a los tegeanos en esclavos.

Sin embargo, a pesar de no poder subyugar a Tegea por la fuerza, los espartanos no se rindieron. En cambio, cambiaron su política. Ya no intentaban poner a Tegea bajo control espartano por la fuerza, sino mediante el uso de propaganda. Los espartanos afirmaron ser los sucesores legítimos de los aqueos— el grupo étnico que era dominante durante la época de los micénicos— y que, por lo tanto, fueron enviados por los dioses para gobernar todo el Peloponeso. Sorprendentemente, esto parecía haber funcionado, y para finales del siglo VII, Tegea parece haberse separado de los arcadios para prestar su apoyo a los espartanos.

Esto habría representado un gran golpe a Arcadia, ya que confiaban plenamente en Tegea por gran parte de su riqueza y poder. Pero con los arcadios ahora esencialmente subyugados, o al menos sometidos, los espartanos se interesaron en poner a Corinto y Argos bajo su control. O al menos estaban interesados en establecerse como el líder de las diversas ciudades-estado del Peloponeso.

Empero, por mucho que los espartanos desearan el control sobre Corinto, nunca fue así. Corinto era simplemente demasiado poderoso e importante para asumir un papel completamente secundario en la política del Peloponeso. A menudo desafiaba a Esparta por el control de varias ciudades-estado en todo el Peloponeso, sin embargo, su inferioridad militar en comparación con Esparta generalmente hacía que esos intentos fuesen inútiles. Sin embargo, la relación entre las dos ciudades-estado generalmente se definió por una alianza, y esta amistad prevalecería durante varios siglos y jugaría un papel importante en el ascenso de Esparta al poder en el mundo griego.

La fecha exacta de cuándo Esparta y Corinto se convirtieron en aliados es difícil de determinar. Algunas leyendas afirman que Corinto acudió en ayuda de Esparta durante la Segunda Guerra Mesenia, pero existe poca evidencia para respaldar esta afirmación. De hecho, la primera prueba tangible que se tiene de una alianza espartano-corintia data de 525 a. C., cuando los espartanos y los corintios se unieron para una expedición naval contra el tirano que gobernaba la isla ciudad-estado de Samos.

El hecho de que los espartanos y los corintios eligieran entrar en una alianza no debería sorprendernos. Ambos hablaban greco dórico, lo que les habría dado un terreno común importante, pero ambos eran de importancia estratégica para el otro, al menos en términos de geografía. Esparta se había convertido en la ciudad-estado más poderosa del Peloponeso, pero el Peloponeso todavía era una península con la única ruta terrestre dentro y fuera del Istmo de Corinto. Esto puso a Corinto en un riesgo considerable, pero también le brindó un poder considerable. Esparta sabía que necesitaba el apoyo de Corinto para defenderse de cualquier invasor terrestre del norte, pero Corinto también necesitaba la ayuda de los espartanos, en gran parte porque era la primera *polis* que cualquier invasor encontraría cuando se dirigieran hacia el sur hacia el Peloponeso. Esta necesidad mutua alineó los intereses de las dos ciudades-estado y sentó las bases para una alianza poderosa que persistiría durante los próximos siglos.

La otra gran preocupación para los espartanos en su búsqueda para obtener el control de todo el Peloponeso era Argos. Después de que los argivos ofrecieron apoyo a los *ilotas* de Mesenia, los espartanos consideraron a Argos como una amenaza, y sabían que su capacidad para establecer el dominio sobre el Peloponeso dependía de la reducción del poder y la influencia argivos.

Desafortunadamente, como suele ser el caso en aquel momento en la historia griega, no se sabe mucho acerca de cómo exactamente los espartanos redujeron la influencia argiva en la región y expandieron los límites territoriales de Laconia. Las referencias literarias del historiador griego Heródoto, cuyo trabajo al documentar las guerras greco-persas ha hecho que muchos se refieran a él como el padre de la historia escrita, sugieren que se libraron una serie de conflictos entre Esparta y Argos durante el siglo VI a. C. Las victorias espartanas, seguidas de un proceso de "ilotización" y repoblación, lograron expandir la influencia espartana, y se cree que en 540 a. C. los espartanos controlaban el territorio que rodeaba Argos, lo que habría reducido considerablemente el poder argivo y le habría brindado a Esparta un mayor control sobre el Peloponeso.

Formando la Liga Peloponesa

Es alrededor de esta época cuando se formó la Liga del Peloponeso. Sin embargo, a diferencia de la Liga de Delos, que surgiría a mediados del siglo V a. C. en respuesta a la amenaza de una invasión persa y serviría como la fuente del poder ateniense, no existe un momento específico que podamos señalar como punto de partida de la Liga del Peloponeso. En cambio, tenemos que considerar el siglo VI en su conjunto, ya que es durante este tiempo que Esparta se estableció como el principal poder en el Peloponeso. Casi todas las demás ciudades-estado habrían dependido de él para el apoyo militar, y esto colocó a los espartanos en una posición única para asumir el resto del mundo griego.

Una vez que Esparta había alcanzado esta posición, no les demoró mucho intentar usarla en su beneficio. Reunieron el apoyo de sus aliados y súbditos en el Peloponeso, así como en Beocia (la región al norte de Atenas donde se encuentra Tebas), para lanzar un ataque a gran escala en Ática, la región justo más allá del istmo de Corinto que era el hogar de Atenas.

No obstante, este ataque fue un gran fracaso, en parte porque los dos reyes espartanos no habían estado en el mismo acuerdo. Específicamente, el rey espartano Cleómenes, que había sido responsable del diseño del ataque, perdió el apoyo de su compañero rey, Demarato, quien había sido acusado de comandar la fuerza corintia comprometida con los espartanos. Esta traición les costó a los espartanos una oportunidad de victoria, pero también tuvo un profundo efecto en el futuro de Esparta. Primero, llevó a la decisión de la asamblea espartana de que solo un rey podía comandar al ejército espartano durante una campaña. Y segundo, puso en marcha un proceso rudimentario de toma de decisiones para las diferentes entidades de la Liga del Peloponeso, que ayudó a transformar la combinación de alianzas en algo más formal. Además, esta alianza brindó a los aliados espartanos una voz colectiva, lo que significa que podrían unirse para vetar los intentos espartanos de lanzar campañas militares que no tenían sentido o, al menos, abstenerse de participar en ellas.

En este punto, es importante ofrecer algunos comentarios sobre la Liga del Peloponeso porque su formación representa un punto de inflexión importante en la historia de Esparta y Grecia en general. Oficialmente, la Liga del Peloponeso se denominó "los laconianos y sus aliados", lo que significa que todos los miembros eran aliados técnicamente autónomos de Esparta, pero los líderes espartanos hicieron todo lo posible para asegurarse de que los partidos gobernantes de cada ciudad-estado fueran decididamente pro-espartanos. Curiosamente, a los miembros de la Liga se les permitió luchar entre sí en tiempos de paz, pero si alguna de las ciudades-estado involucradas fuera invadida por un no miembro, entonces se esperaba que Esparta y los otros participantes en la Liga prestaran su apoyo a quien hubiera sido atacado.

La formación de la Liga del Peloponeso fue también para tratar de poner un control sobre el poder espartano. Por ejemplo, si la asamblea espartana votó para ir a la guerra, no podrían contar automáticamente con el apoyo de la Liga. En cambio, la Liga votaría, y si ratificaran la declaración de guerra de Esparta, entonces Esparta podría recaudar tropas de las polis miembros. Esparta también sería responsable de elegir el lugar donde el ejército se reuniría, y también contribuirían con el comandante en jefe de los ejércitos conjuntos. Sin embargo, la guerra no podría terminar y la paz no podría restablecerse a menos que un voto mayoritario en la asamblea de la Liga lo permitiera. Y si la asamblea no ratificara la declaración de guerra espartana en primer lugar, entonces los espartanos estarían solos. Sin embargo, como se mencionó, los espartanos trabajaron para asegurarse de que los líderes de las ciudades-estado miembros estuvieran alineados con los intereses espartanos, lo que significa que un rechazo a gran escala de una declaración de guerra espartana hubiera sido poco probable.

Uno podría preguntarse por qué los espartanos estaban tan dispuestos a renunciar a su poder dentro de la Liga, pero se puede encontrar una respuesta a esta pregunta al considerar lo que los espartanos obtuvieron a cambio. La Liga no solo les proporcionó aliados que podían apoyarlos durante una guerra, sino que había una cláusula en el tratado firmada entre los miembros de la Liga que prometía apoyo a los espartanos en caso de que hubiera otra rebelión *ilota*, algo que temían desde la Segunda Guerra de Mesenia.

El primer congreso de la Liga del Peloponeso se reunió en 504 a. C., y el propósito de la reunión era decidir si apoyar o no el restablecimiento del tirano Hipias en Atenas. Esto es relevante porque muestra que Esparta era indiferente a la tiranía y tal vez incluso desdeñaba la democracia— algo que los entusiastas espartanos tienden a pasar por alto— pero también estaba preocupada por los asuntos internos en Atenas, que, después de instalar una democracia en el siglo VI y centrarse en usar una fuerte armada para asegurar el poder en todo el Egeo, se había vuelto bastante poderoso por derecho propio. Esto indicó un ligero cambio en la política espartana, que hasta este momento había sido casi completamente aislacionista. Pero la iniciativa de Esparta fue rechazada, en gran parte porque Corinto, quien sin duda fue la segunda *polis* más poderosa de la Liga, logró reunir aliados para enfrentarse a los espartanos, un fenómeno que se repetiría muchas veces a lo largo de la existencia de la Liga del Peloponeso.

En este caso, Corinto tuvo éxito en detener las ambiciones espartanas, pero este desafío corintio no siempre funcionó. Esparta era simplemente demasiado poderosa, y parece que solo había escuchado a Corinto cuando lo mejor para los espartanos era hacerlo. Un buen ejemplo de esto es la invasión espartana de Argos a principios del siglo V a. C. Parece ser que actuaron solos, pero a pesar de ello, pudieron ganar aún más territorio en el Peloponeso, afianzándose aún más como el hegemón del Peloponeso. Sin embargo, la decisión del rey espartano Cleómenes de quemar un bosque sagrado en el que los soldados argivos se habían refugiado dañó seriamente su reputación y tuvo consecuencias duraderas en las próximas décadas, cuando los persas finalmente llegaron a Grecia y amenazaron la existencia de todos los griegos.

Pero, a pesar de sus tácticas cuestionables, Cleómenes es a menudo considerado como uno de los monarcas más importantes de Esparta. Supervisó las campañas que debilitaron severamente a Argos y, a pesar de su traición, como rey y general, logró expandir considerablemente el poder espartano en el Peloponeso.

La Invasión Persa y una Alianza Improbable

A principios del siglo V a. C., había una creciente rivalidad entre Atenas y Esparta. Como jefe *de facto* de la Liga del Peloponeso, y también por su reputación como poder militar supremo, Esparta se había convertido en una de las principales ciudades de toda Grecia.

No obstante, la Atenas democrática, que había logrado aumentar su riqueza y poder utilizando su armada para poner bajo su control a las diversas ciudades-estado insulares del Egeo, también estaba ganando influencia en la región, y esto preparó el escenario para un conflicto de gran escala entre ambos. Pero antes de que eso sucediera, las dos potencias realmente se unirían, y es realmente la naturaleza de esta alianza la que tuvo el mayor impacto al impulsar a las dos superpotencias hacia la guerra.

La razón por la cual Atenas y Esparta se unieron fue para proteger a Grecia de una invasión de los persas. El rey persa en ese momento, Darío I, había decidido invadir Grecia a través de Jonia, que es la región en la parte occidental de la actual Turquía. Esta elección se llevó a cabo para castigar a los griegos que, bajo el tirano rey Aristágoras, habían decidido rebelarse contra el gobierno persa en 499 a. C. Estas rebeliones duraron aproximadamente seis años y desaceleraron significativamente la expansión hacia el oeste de Persia.

Parte de la razón por la cual estas rebeliones tuvieron tanto éxito fue que Aristágoras pudo obtener el apoyo de Atenas y Eritrea, otra poderosa ciudad-estado en el Egeo. Pero la decisión de apoyar a sus compañeros jonios provocó la ira de Darío I, y su campaña en Grecia se basó en el objetivo de conquistar y finalmente destruir tanto Atenas como Eritrea.

Sin embargo, Darío cometió un error crucial al elegir lanzar esta campaña utilizando principalmente su armada. En este momento, Atenas había establecido la supremacía naval en el Egeo, y aunque los persas fueron apoyados por las flotas egipcia y fenicia, no pudieron lograr su objetivo final. Pero los persas provocaron un daño significativo. Lograron recuperar a Tracia y Macedonia bajo su control, y también capturar y quemar Eritrea. Sin embargo, la flota ateniense ganó la decisiva Batalla de Maratón en c. 490 AEC, que efectivamente puso fin a la amenaza de invasión persa, al menos por el momento, en gran parte porque Darío I se vio obligado a dirigir su atención a otras partes de su imperio.

Pero el éxito de Darío I demostró cuán vulnerables eran los griegos ante una invasión a gran escala de una fuerza tan poderosa como el ejército persa. Los atenienses, que tenían una armada fuerte, pero un ejército relativamente reducido, sabían que tendrían pocas posibilidades contra los persas si decidían invadir el territorio, y esto los obligó a pedir ayuda a los espartanos en caso de otra invasión persa.

Pero, desafortunadamente para los atenienses, Esparta estaba en crisis en el año 490 a. C. Cleómenes había muerto sin dejar un claro heredero, y se produjo el caos cuando la élite espartana intentó descubrir quién debería tomar su lugar. Al final, se decidieron por Leónidas, que era medio hermano de Cleómenes. Para tratar de legitimar este reclamo, Leónidas se casó con la hija de Cleómenes, Gorgo, quien en ese momento solo tenía 18 años (Leónidas probablemente tenía alrededor de 40). Sin embargo, a pesar de este caos, los espartanos respondieron a las súplicas atenienses de ayuda, pero llegaron a Maratón varios días después de que la batalla hubiera sido peleada y ganada.

La Batalla de Maratón es relevante por diversas razones. Primero, demostró que el hoplita griego— el nombre dado a la infantería griega portadora de lanza— era una unidad muy superior a la infantería persa. Los inmortales persas eran considerados en ese momento como la principal fuerza de combate del mundo antiguo, pero los griegos demostraron en Maratón que podían ser derrotados. La Batalla de Maratón sembró las semillas para la cooperación militar entre los espartanos y los atenienses al tratar con la amenaza existencial que causó la invasión persa. Pero también reveló las debilidades de la armada ateniense. Es cierto que habían derrotado a los persas en Maratón, pero la mayoría de la gente en ese momento estuvo de acuerdo en que esto era el resultado de la astucia estratégica y no de la fuerza militar. Esta comprensión habría causado un miedo considerable en los corazones de los atenienses, porque significaba que estaban en gran peligro y necesitaban la ayuda del resto del mundo griego para sobrevivir.

En este momento, el escenario estaba preparado para una segunda invasión persa de Grecia. Pero pasarían algunos años antes de que eso realmente sucediera; los hechos tendían a suceder lentamente en el mundo antiguo. Como se mencionó, Darío I se vio obligado a asistir a otras partes de su imperio, y posteriormente murió en 486 a. C. Inicialmente, su hijo, Jerjes I, no estaba interesado en continuar la campaña de su padre en Grecia, pero sus asesores lo convencieron de que era lo mejor para él, ya que conquistar con éxito a los griegos demostraría por la extensión persa, su supremacía en el mundo antiguo.

En 483 a. C., se encontró un gran suministro de plata en las minas atenienses, quienes utilizaron esta nueva riqueza para construir una flota que tendría la oportunidad de derrotar a los persas. Casi al mismo tiempo, los espartanos convocaron a una conferencia a sus aliados, es decir, la Liga del Peloponeso, así como a los atenienses para discutir la estrategia que usarían para tratar de defenderse de los persas. Los historiadores se refieren a esta conferencia como la "Liga Helénica", pero los miembros no utilizaron esta denominación. En cambio, se refirieron a sí mismos como "los griegos", lo que sugiere que la amenaza de invasión persa estaba ayudando a unir a los diferentes segmentos de la cultura griega, al menos temporalmente.

Los resultados de esta conferencia fueron que los griegos intentarían usar las cadenas montañosas, los mares traicioneros y las tierras mal abastecidas para obligar a los persas a luchar en términos griegos. Sin embargo, cada uno de los principales partidos involucrados en la coalición buscaba objetivos diferentes. Por ejemplo, los espartanos estaban más interesados en defender el istmo de Corinto, al igual que los corintios, ya que esto ayudaría a mantener a salvo el Peloponeso.

Sin embargo, los atenienses querían extender su línea de defensa al norte para que Ática se mantuviera a salvo de la invasión.

Al final, la Liga Helénica decidió defender el Paso Olimpo, y enviaron mensajes a todos los griegos pidiéndoles apoyo y también advirtiendo que aquellos que vivían al norte del paso no estarían protegidos. Sin embargo, la Liga no recibió respuesta. El Oráculo había brindado una perspectiva negativa sobre la guerra, esencialmente diciendo que una caída griega ante los persas era inevitable, y la mayoría de los griegos habrían optado por no ir en contra de la palabra del Oráculo. Sin embargo, los espartanos y sus aliados, incluidos los atenienses, consideraron la amenaza persa mucho más grave y optaron por rechazar al Oráculo y luchar.

La fuerza enviada al monte Olimpo fue comandada por un general espartano que se percató poco después de su llegada que era poco probable que los griegos pudieran defender ese territorio. Como resultado, regresaron al Istmo de Corinto, y los tesalianos que vivían cerca del Olimpo se vieron obligados a pedir una alianza al rey persa.

La Batalla de las Termópilas

Este movimiento limitó las oportunidades defensivas de los griegos. Decidieron que se levantarían contra los persas en las Termópilas y

Artemisio, que estaban lo suficientemente cerca uno del otro para que los comandantes en cada uno lograran comunicarse y coordinar fácilmente sus esfuerzos. El siguiente mapa ayuda a mostrar dónde estaban colocadas ambas fortalezas y también por qué esta era una excelente ubicación para tomar una posición defensiva. La fuerza terrestre persa tendría que pasar a través de las Termópilas en su camino hacia el sur hasta Atenas y, finalmente, el Peloponeso, y la flota persa, que estaba compuesta principalmente por fenicios y egipcios, tendría que pasar por Artemisio si quería avanzar en Atenas o Corinto.

En ese momento, la proeza militar espartana se entendía correctamente, pero la Batalla de las Termópilas ayudaría a afianzar aún más a los espartanos en los anales de la tradición militar. Por dar un ejemplo, la famosa película del siglo XXI, *300*, se basa en esta batalla, y aunque esta película dramatiza muchos de los hechos, todavía ayuda a mostrar cuán importante fue esta batalla para demostrar el dominio militar espartano.

La razón por la cual esta batalla fue el enfoque de diversas leyendas es por cuán dramáticamente fueron superados en número los espartanos. El Rey Leónidas tomó una fuerza de solo 300 hoplitas espartanos, cada uno de los cuales había concluido su entrenamiento y tenía un hijo para reemplazarlos, y se le unieron otros 4.000 hoplitas del resto del Peloponeso, así como 1.000 hoplitas de Opuntian Locris, y otros 1.000 de Malia. Los tebanos también enviaron un contingente de tropas, aunque existe evidencia que sugiere que los líderes de Tebas se estaban preparando para rendirse a los persas, ya que consideraron la resistencia griega como un esfuerzo inútil.

Esta fuerza debía luchar contra un ejército persa mucho más extenso que estaba compuesto tanto por sus inmortales altamente entrenados como por reclutas que habían sido adquiridos de las tierras conquistadas por los persas. En ese momento, se creía que los persas habían reunido el ejército más grande de la historia. No está claro si esto es cierto, en gran parte porque esta afirmación es difícil de verificar, pero no hay duda de que los persas habían tomado considerables preparativos para esta invasión. Habían construido canales y puentes en el camino para facilitarles la invasión, y habían pedido a todas las regiones de su imperio que prepararan hombres para la batalla.

Pero los espartanos tenían algunas ventajas distintas. Primero, los escudos de hierro y las lanzas largas utilizadas por los hoplitas eran muy superiores a las espadas cortas empuñadas por los persas. Y segundo, la geografía en las Termópilas jugó significativamente a favor de los griegos.

Un paso estrecho en las montañas era el único camino hacia el sur desde las Termópilas, y fue ahí donde la fuerza liderada por los espartanos se posicionó. Al final, la combinación de ventajas, principalmente el terreno accidentado y los pasos limitados y estrechos que lo atraviesan, permitió a los espartanos infligir un daño tremendo a su enemigo. Lucharon en el transcurso de varios días, y se dice que Jerjes estaba furioso porque su ejército no pudo transitar el paso.

Sin embargo, a pesar de los valientes esfuerzos de los espartanos, Jerjes finalmente logró eludir el pase, en gran parte porque otro rey griego en la región se rindió a él y le indicó que había otro camino hacia el sur. Este movimiento permitió a Jerjes flanquear a los espartanos y finalmente derrotarlos. Leónidas murió en esta pelea, pero sus esfuerzos ayudaron a establecerlo como un héroe. Sin embargo, Jerjes logró obtener su cuerpo, y rápidamente cortó la cabeza de Leónidas y la colocó en una estaca. Además, solo tres personas de los 300 originales sobrevivieron a la lucha. Sin embargo, sus esfuerzos ayudaron a debilitar a los persas, y jugaron un papel importante en la eventual victoria griega en la defensa de su patria.

La flota ateniense, que había estado luchando en Artemisio, sufrió un destino similar al de los 300; el éxito inicial fue seguido por una devastadora derrota. Como resultado, tanto las fuerzas terrestres como marítimas griegas tuvieron que retirarse y reorganizarse, y se encontraban en una posición bastante precaria. Pero una serie de malas elecciones de Jerjes combinadas con algunos movimientos acertados de los griegos les ayudó a defenderse de la invasión.

El primer error que cometió Jerjes fue el decidir invadir y saquear Atenas en lugar de Esparta. Esto fue en contra del consejo de Demarato, un antiguo rey de Esparta que había gobernado junto a Cleómenes, pero que brindó su apoyo a los persas. Demarato sabía que los espartanos habían dedicado la mayor parte de su ejército a la Liga Helénica y que Esparta era bastante vulnerable. Sugirió que Jerjes estableciera una base en una isla cercana a la costa del Peloponeso y la usara para aterrorizar a los espartanos y sus aliados. Pero Jerjes ignoró este consejo y en cambio marchó sobre Atenas. Quizás estaba motivado por la venganza; su padre, Darío I, marchó por primera vez en Grecia como respuesta a su apoyo a las revueltas jónicas, pero nunca logró castigar por completo a los atenienses.

En Salamina, los griegos lograron enviar un mensaje a los persas para notificar que estaban planeando huir y que lo harían dividiendo su flota. Sin embargo, esto era una mentira destinada a engañar a los persas, y funcionó. Jerjes dividió su flota para bloquear las dos rutas marítimas de Salamina, y posteriormente los griegos regresaron y lanzaron un ataque contra una flota persa agotada. Esta derrota perjudicó seriamente las posibilidades de los persas, y Jerjes lo sabía. No tomó a bien su pérdida y en realidad huyó, dejando a su general a cargo del resto de la invasión.

Esta victoria preparó el escenario para el cierre de esta fase de las guerras greco-persas, y los espartanos jugarían un papel importante en ella, un movimiento que tendría un efecto dramático en la historia espartana y griega.

La Batalla de Platea

Tras su derrota en las Termópilas, que podría considerarse una victoria considerando el daño que hicieron al ejército persa, los espartanos parecían satisfechos de defender el istmo de Corinto. Como hemos visto antes, los espartanos eran aislacionistas, por lo que no importaba que los atenienses siguieran comprometidos con los persas mientras el Peloponeso permaneciera a salvo.

No obstante, este enfoque no complació a los atenienses. Recientemente observaron su ciudad arder a manos de los persas, y no estaban dispuestos a quedarse de brazos cruzados mientras los persas continuaban atacando a los griegos y amenazando su independencia. Sin embargo, necesitaban el apoyo de los espartanos si esperaban tener éxito. Entonces, los atenienses enviaron un representante a los espartanos haciéndoles saber de una oferta de paz que recibieron de los persas, que habría convertido a Atenas en la capital del sátrapa europeo de Persia (la versión persa de una provincia), algo que habría sido concebido como una especie de rama de olivo de los persas para poner fin a la guerra. Sin embargo, la idea de que Atenas abandonara a los persas probablemente habría aterrorizado a los espartanos, lo que podemos confirmar en su decisión de convocar a un gran ejército en apoyo de la causa de los atenienses.

Tras la derrota persa en Salamina y al confirmar la fuerza que los espartanos habían logrado reunir, los persas comenzaron a retirarse al norte, lejos de Atenas y Ática, hacia Platea. Esta sería la escena de una de las batallas finales de las guerras greco-persas. En total, los espartanos proporcionaron un ejército de 30.000 hoplitas (10.000 de la propia Laconia—se consideraba que los hoplitas laconianos eran los mejores), así como unos 35.000 *ilotas* que sirvieron de apoyo a los hoplitas y también como infantería blindada. Además, el ejército griego fue reforzado por los tebanos que seguían llegando a través de un paso cercano, hasta que un tebano traicionó a sus compatriotas y le informó al comandante persa cómo sellar el paso y evitar que llegaran más tropas.

Varias semanas de lucha llevaron a los griegos al borde de la derrota, pero algunos errores clave de los persas los dejaron vulnerables, y la fuerza griega dirigida por Pausanias, el sobrino de Leónidas y actual regente de Plistarco, el hijo menor de edad de Leónidas, logró conducir el regreso de los persas. Mientras tanto, Leotíquidas, el otro rey espartano, estaba al mando de la flota griega, y logró ganar la Batalla de Mycale, una ciudad en la costa sur de la actual Turquía.

Ambas victorias, una en Platea y la otra en Mycale, habían expulsado a los persas de Grecia. Pero Jonia aún estaba en riesgo, y los griegos sabían que, si no expulsaban a los persas, aún habría conflicto y Grecia no estaría a salvo. Como resultado, las fuerzas griegas combinadas comenzaron a alentar una rebelión dentro de Jonia. Posteriormente, la flota griega llegó y comenzó a asediar Sestos, una ciudad en el oeste de Turquía que había servido como capital de Persia en la región. Cuando lograron tomarlo, esto significó que los persas habían sido oficial y finalmente expulsados de Europa. Este fracaso, junto con la lucha interna en el Imperio persa, significaba que Persia nunca más trataría de invadir Grecia. Los griegos se habían unificado y habían obtenido una gran victoria. Nació una nueva era en la historia griega.

Conclusión

El período en el tiempo desde el final de la Segunda Guerra de Mesenia (668 a. C.) hasta el final de las guerras greco-persas (449 a. C.) es un momento decisivo en la historia de Grecia. Durante este período de aproximadamente 220 años, los espartanos, a través de una combinación de movimientos políticos y militares, lograron obtener el control sobre la mayoría del Peloponeso. Además, al formar la Liga del Peloponeso y colocarse al frente de la misma, los espartanos se aseguraron de que tenían apoyo para mantener su control sobre esta extensa e importante península en el continente griego.

Este es también un momento decisivo en la historia de Esparta porque ayudó a mostrar al mundo griego lo poderosos que eran los espartanos. Si no hubiera sido por los espartanos, es probable que Grecia hubiera caído ante los persas o, al menos, Atenas, Tebas y muchas otras ciudades griegas importantes hubieran sido absorbidas por el ejército persa. Además, los espartanos fueron los líderes *de facto* de esta alianza panhelénica. Cleómenes fue responsable de formar la Liga del Peloponeso y reunir a los griegos, Leónidas, Pausanias y Leotíquidas comandaron las fuerzas que ayudaron a entregar las victorias decisivas necesarias para derrotar a los persas de una vez por todas.

El resultado de lo anterior fue que el equilibrio de poder estaba cambiando en el mundo griego hacia los espartanos. Pero los espartanos no estaban abrumadoramente interesados en asumir este papel. Se habían unido a la lucha contra los persas porque lo consideraban necesario para su supervivencia, pero cuando los persas finalmente fueron derrotados en 449 a. C., ya no sentían una lealtad hacia el mundo griego.

Sin embargo, los atenienses no veían las cosas de la misma manera. Sintieron que los espartanos habían dejado que su papel en el conflicto se le subiera a la cabeza y que lo estaban usando como una forma de frenar el poder y el desarrollo atenienses. Esta actitud, junto con un crecimiento en las aspiraciones imperiales atenienses, enfrentaría a las dos potencias entre sí, y esta hostilidad diplomática eventualmente resultaría en una de las guerras más largas y sangrientas en la historia del mundo antiguo. Y el resultado ayudaría a brindar una respuesta definitiva a una pregunta apremiante en ese momento: ¿Quién era el líder de los griegos?

Capítulo 4 – Victoria sobre Atenas: El Nacimiento del Imperio Espartano

Para comprender esta próxima etapa de la historia espartana, es importante reflexionar en el estado del mundo griego a mediados del siglo V a. C. La victoria griega sobre los persas en las guerras greco-persas marcó un punto de inflexión en la historia griega. No solo estaban libres de aproximadamente 50 años de temor a su muerte a manos de sus enemigos asiáticos, sino que los griegos se estaban convirtiendo rápidamente en uno de los grandes centros culturales del mundo antiguo. Los poemas de Homero habían llegado a las bibliotecas más grandes, y Platón, así como Sócrates y posteriormente Aristóteles, estaban en camino de establecer una tradición de filosofía nunca antes vista en el mundo antiguo.

Sin embargo, es importante recordar que muchos de estos logros culturales ocurrirían fuera de Esparta. No es que los espartanos fueran personas rezagadas, sino que tenían valores e intereses diferentes. Por ejemplo, los espartanos eran conocidos por su cerámica y, por supuesto, el ejército espartano era una de las fuerzas militares temidas, si no la más, en todo el oeste de Asia y el sur de Europa.

Como resultado, es seguro afirmar que Atenas fue el verdadero ganador en términos de prestigio internacional, y estaba tomando ventaja de esta posición para tratar de expandir su zona de influencia en el Mar Egeo y el resto del mundo griego. Además, su gobierno democrático estaba mostrando signos de volverse más bien imperial por la amenaza que los persas representaban para su autonomía y les ayudó a darse cuenta de que lo mejor era ser gobernantes en lugar de gobernados.

Estas ambiciones crecientes colocaron a Atenas y Esparta en desacuerdo entre sí. Los espartanos, que habían pasado la mayor parte de los últimos siglos consolidando su poder en el Peloponeso, no mostraron ningún interés real en expandir su zona de influencia, y no parecía que Atenas estuviera particularmente interesada en tratar de atraer a Esparta a los suyos. Sin embargo, una cierta cantidad de tensión es la norma para cuando dos ciudades-estado poderosas que están cerca una de la otra, colapsan geográficamente.

Además de ello, Atenas estaba utilizando su éxito en las guerras greco-persas como una forma de tomar el control de la Liga de Delos, que es el nombre dado a la coalición de ciudades-estado aliadas a Atenas. Afirmaron que fue su liderazgo lo que reunió a los griegos en defensa de su patria y debido a esto fueron los líderes legítimos del mundo griego. Pero como sabemos, aunque los atenienses fueron los primeros en solicitar ayuda espartana, fueron los comandantes y ejércitos espartanos los responsables de gran parte de los éxitos militares griegos durante las guerras greco-persas.

Parte de la razón por la que los atenienses hicieron tal afirmación es que continuaron luchando contra los persas incluso después de haber sido expulsados de Grecia, y esto señala otra diferencia entre Atenas y Esparta en ese momento. Más específicamente, los espartanos creían que la alianza formada entre las ciudades-estado griegas para eliminar la amenaza persa había tenido éxito en su misión después de las batallas de Platea y Mycale. Sin embargo, los atenienses no lo consideraban así y querían seguir luchando. Como resultado, Esparta y la mayoría de sus aliados se retiraron del conflicto, y surgió la Liga de Delos.

La Liga de Delos se denominaba así porque el tesoro de la coalición se encontraba en la isla de Delos. Fue diseñada para funcionar de manera similar a la Liga del Peloponeso, pero la principal diferencia era que Atenas era considerablemente más poderosa que cualquier otro miembro, lo que le brindaba una influencia considerable dentro de la coalición. Con el tiempo, los atenienses lograron consolidar su poder en el grupo, y esto condujo a un imperio ateniense *de facto*. Sin embargo, la Liga de Delos todavía existía oficialmente. Pero la asamblea elegida democráticamente en Atenas fue responsable de administrar la mayoría de los asuntos de la Liga.

La decisión de los espartanos de retirarse de la Liga Helénica habría enfurecido a la mayoría de los atenienses con sus contrapartes, y esto condujo a más reclamos que fueron designados para incitar una mayor tensión entre las dos ciudades-estado.

Por ejemplo, en los años posteriores a las guerras greco-persas, los atenienses afirmaron que los espartanos les impidieron en repetidas ocasiones reconstruir las murallas de su ciudad, aunque esta afirmación nunca ha sido verificada. Y la mayoría de los espartanos sentían que eran autónomos y no sentían la necesidad de reconocer a los atenienses como líderes de los griegos, incluso si no tenían ninguna ambición real de tratar de expandir su territorio. Sin embargo, a pesar de que ninguna de las partes decía la verdad, estas disputas ayudan a demostrar las crecientes tensiones entre las dos poderosas ciudades-estado, lo que nos proporciona una mejor comprensión de por qué la guerra finalmente se convirtió en la única opción.

Curiosamente, esta guerra se conocería como la Guerra del Peloponeso. Esto es interesante porque implica un sesgo ateniense. Específicamente, implica que los espartanos, actuando con la Liga del Peloponeso, fueron los agresores; sin embargo, esto realmente no es verdadero. Ningún lado tiene más culpa que el otro por comenzar la guerra. Un conflicto de intereses y ambiciones, además de un creciente apetito por la guerra entre la población, fueron lo que hizo posible la guerra.

Al estudiar este período de tiempo, es sencillo comprender que una guerra entre Atenas y Esparta sería parte de las secuelas de las guerras greco-persas, pero todavía pasaron casi 20 años hasta que la lucha realmente estallara entre ambos. Pero esto no significa que estos años hayan sido pacíficos. Atenas y Esparta participaron en una serie de guerras de poder e hicieron las paces antes de que eventualmente se enfrentaran entre sí en la Guerra del Peloponeso.

La Primera Guerra del Peloponeso

La Guerra del Peloponeso se refiere al conflicto entre Atenas y Esparta que tuvo lugar entre 431–404 a. C. Sin embargo, la serie de conflictos que tuvieron lugar entre la retirada espartana de las guerras greco-persas en 478/477 a. C. y el comienzo de la paz de los treinta años (que apenas duró 15) a menudo se denomina como la Primera Guerra del Peloponeso, que es una forma confusa de organizar eventos, pero se ha convertido en la norma dentro de la comunidad que estudia esta parte de la antigua Grecia.

Este conflicto comenzó cuando, de manera algo sorprendente, los espartanos solicitaron ayuda a los atenienses. Los espartanos se enfrentaban a otra rebelión *ilota*, y llamaron a aquellos con quienes se habían aliado durante las guerras greco-persas para ayudarles a reprimir la rebelión. Pero quizás aún más sorprendente, los atenienses acordaron ayudar a los espartanos y enviaron a un representante. Sin embargo, los espartanos enviaron a los atenienses a casa casi tan pronto como llegaron, y este movimiento molestó a los atenienses, pero también les asustó que los espartanos planearan declarar la guerra, por lo que se dispusieron a establecer alianzas en caso de que lo necesitaran para luchar directamente contra los espartanos.

Para lograrlo, los atenienses acudieron a las ciudades-estado que tenían una historia de lucha contra los espartanos o de apoyo a sus enemigos. Por ejemplo, hicieron una alianza con Argos, que, aunque más débil de lo que había sido en siglos pasados, todavía era poderoso y estaba interesado en ver disminuir la influencia espartana. Los atenienses también se acercaron a Tesalia y Megara. Esta última opción era interesante porque en ese momento Megara estaba involucrada en una guerra fronteriza con Corinto, quien era miembro de la Liga Peloponesa y, por lo tanto, se alió con Esparta. Además, los atenienses comenzaron a ofrecer extensiones de tierras a los *ilotas* espartanos que habían logrado escapar, un movimiento que habría enfurecido a los líderes espartanos.

Los combates estallaron en 460 a. C. cuando los espartanos ofrecieron tropas a los corintios y los atenienses apoyaron a los megarianos. Sin embargo, al principio, ambas partes, si es que alguna vez, participaron directamente en combate, lo que ayudó a enmascarar el hecho de que estaban en guerra entre sí, incluso aunque eran conscientes sobre contra quién luchaban.

Tras varios años de cuasi-conflicto, los atenienses habían logrado asegurar la mayor parte de Beocia, que es la región al norte de Ática y donde se encuentra la ciudad de Tebas. Posteriormente, los atenienses se volvieron más agresivos con los espartanos al emplear su flota para navegar alrededor de la costa del Peloponeso. Su supremacía naval causó diversos problemas a los espartanos, y cuando Calcis, una ciudad-estado ubicada en el Golfo de Corinto, fue capturada por los atenienses, se encontraron en una excelente posición para avanzar en Esparta y emitir un golpe decisivo.

Pero esto nunca sucedió. Los atenienses, que se habían convertido en el líder de la Liga de Delos, participaron en el apoyo a las rebeliones en Egipto, que en ese momento estaba controlado por Persia. Parte de la razón por la que lo hicieron es porque la misión original de la Liga de Delos era vengarse de los persas, y parte de la forma de lograrlo era apoyar a aquellos que buscaban rebelarse contra el dominio persa. Pero los atenienses sufrieron una gran derrota en Egipto en 454 a. C., y esto puso a su flota, que había estado luchando junto a los egipcios y que era la base de su poderío militar, en peligro extremo.

La respuesta inmediata de los atenienses fue demandar por la paz con los persas, y en el 449 a. C. lograron hacerlo, lo que oficialmente puso fin a las guerras greco-persas. Luego volvieron a poner su atención en su hogar, especialmente cuando estalló una rebelión en Beocia que amenazó su poder en la región y que inspiró una mayor rebelión en el Egeo. Los atenienses intentaron sofocar la rebelión en Beocia, pero fueron derrotados, y esto sirvió como un recordatorio conmovedor de que el poder ateniense se ejercía de mejor manera en el mar.

Lo anterior se combinó para producir un estancamiento entre Atenas y Esparta. Estaba claro que estas pequeñas escaramuzas no estaban ayudando a ninguna de las partes, lo cual motivó las conversaciones de paz. El resultado fue el Tratado de los Treinta Años, firmado en 446/445 a. C. Este acuerdo estaba destinado a poner fin a la lucha entre las dos ciudades-estado y restablecer las relaciones pacíficas. Llegó con una serie de estipulaciones y garantías, una de las más importantes es que ambos tuvieron que acordar usar un mediador en caso de cualquier conflicto que no pudiera resolverse. Sin embargo, como veremos, esta paz no prevaleció más de los 30 años que debía de durar, y la lucha pronto estalló una vez más, pero esta vez sería mucho más intensa y causaría un mayor daño al mundo griego.

La Paz Termina y Comienza la Guerra

Aunque la Primera Guerra del Peloponeso terminó con un tratado de paz, está claro que este conflicto no logró resolver las diferencias entre las dos partes. Los espartanos aún temían las ambiciones imperiales de Atenas, y Atenas todavía estaba interesada en expandir su zona de influencia, un deseo que habría significado que Atenas siempre estaría presente en el Peloponeso, algo que Esparta hubiera querido evitar a toda costa.

Como resultado, el conflicto renovado era casi inevitable en este punto. La paz fue puesta a prueba varias veces, la primera llegó solo cinco años después de la firma del tratado. La isla de Samos había elegido rebelarse contra Atenas, y pidieron ayuda a los espartanos. Los espartanos convocaron a la Liga del Peloponeso para confirmar si habría apoyo para otro conflicto con Atenas, pero una coalición liderada por los corintios dentro de la Liga rechazó las intenciones de los espartanos.

Como se mencionó anteriormente, este fue un fenómeno relativamente común dentro de la Liga del Peloponeso. Corinto era un miembro bastante poderoso, y en más de una ocasión, lograron obtener apoyo contra los espartanos para evitar que tomaran ventaja.

Esta primera prueba de la Paz de los Treinta Años se produjo solo cinco años después de la firma del tratado, pero el tratado se mantuvo y no hubo guerra. Sin embargo, la próxima vez que Atenas y Esparta entraron en contacto, las cosas no terminaron de la mejor manera.

El conflicto comenzó entre dos ciudades: Corinto y Córcira. Luchaban por el control de una colonia que los corcireanos habían establecido, pero que buscaba la independencia, un movimiento que los corintios apoyaban. Sabiendo que Corinto era miembro de la Liga del Peloponeso, Córcira decidió pedir ayuda a Atenas, la cual obtuvieron, aunque los atenienses afirmaron que estaban enviando tropas para participar solo en maniobras defensivas.

Supuestamente, no se suponía que atacaran, pero no es sorprendente que las fuerzas atenienses que llegaron a la batalla no pudieran evitarlo. Esto significaba que Atenas y Corinto ahora estaban luchando entre sí, y Esparta se habría visto obligada a ofrecer apoyo si se lo pidieran. Sin embargo, ninguna de las partes pudo obtener una ventaja, y el conflicto se desvaneció.

Tras el conflicto, los atenienses decidieron llevar las cosas un paso más allá. Infelices de que las ciudades-estado que Atenas creía que formaban parte de la Liga de Delos habían ofrecido su apoyo a los corintios, los atenienses comenzaron a vengarse de cualquiera que consideraran desleal. Su primer objetivo fue Megara, que había formado parte de la Liga de Delos, pero que también había estado en rebelión abierta y había aceptado la ayuda de Corinto y Esparta. Los atenienses promulgaron sanciones comerciales en Megara que amenazaban en gran medida a la ciudad.

Estos movimientos ayudaron a exacerbar las tensiones entre Atenas y Esparta, y en 432 a. C., estaba claro que la guerra era más probable en el horizonte. Sin embargo, los espartanos probablemente tenían menos interés en una guerra que los atenienses, en gran parte porque estaban menos interesados en expandir su zona de influencia. Sin embargo, estaba claro que esto no importaba, ya que los atenienses parecían decididos a tratar de aumentar su poder, y esto obligó a Esparta a responder.

Sin embargo, su respuesta inicial fue tratar de demandar por la paz. A lo largo de 432 a. C. y 431 a. C., los espartanos diversos representantes a Atenas para tratar de negociar algún tipo de acuerdo, pero fueron rechazados. Los atenienses afirmaron que los espartanos habían negado la solicitud de arbitraje de los atenienses, pero la mayoría de los historiadores consideran que esto no es verídico. Pero sin importar, ninguno de los lados estaba en paz con el otro, y la guerra era casi inevitable.

Las tensiones aumentaron cuando las tropas apoyadas por los atenienses atacaron Platea, otra ciudad-estado que tenía vínculos con Corinto y que se estaba rebelando contra la Liga de Delos. Lo hicieron mediante un ataque furtivo, que enfureció a los espartanos y ayudó a atraerlos aún más al conflicto.

Esencialmente, un representante de Tebas, que en ese momento estaba aliado con Esparta, entró en Platea para ayudar con el derrocamiento del gobierno en el poder. Sin embargo, los ciudadanos de Platea, actuando en medio de la noche, asesinaron a este representante y comenzaron los enfrentamientos. Tebas continuó enviando apoyo a la ciudad, al igual que Atenas, y parece ser que esto era demasiado como para que Esparta lo pudiera controlar, lo que significa que la guerra se había vuelto inevitable.

Es complicado confirmar quién estaba realmente en lo correcto en este conflicto. Por un lado, los atenienses apoyaban a quienes atacaban a un aliado de Esparta. Pero, por otro lado, Esparta había prestado su apoyo a los tebanos, que en ese momento estaban preocupados por derrocar al gobierno en Platea, lo que no era lo más honorable. Sin embargo, quién tenía razón y quién estaba equivocado realmente es irrelevante en este caso. Este evento parecía haber dejado claro tanto a los espartanos como a los atenienses que sus diferencias eran irreconciliables y que debían resolverse en el campo de batalla.

El Comienzo de la Guerra con Atenas: La Guerra Arquidámica

Para comprender la primera parte de la Guerra del Peloponeso, que a menudo se conoce como la Guerra Arquidámica que lleva el nombre del rey espartano en ese momento, Arquidamo II, es importante recordar las diferencias clave entre Esparta y Atenas en ese momento. Específicamente, Esparta era una potencia terrestre, y Atenas era una potencia marítima. Ninguno de los dos tenía interés en comprometerse con el otro en sus términos, ya que cada uno era consciente de que esto conduciría a su pronta desaparición.

Debido a ello, los atenienses instruyeron a sus fuerzas para que no se involucraran directamente con los espartanos en la batalla abierta. Abrieron las puertas de la ciudad y alentaron a todos los que vivían en el territorio circundante a refugiarse detrás de los muros de la ciudad. Como resultado de esta decisión, los espartanos comenzaron la guerra con un éxito rotundo. Lograron cruzar el istmo de Corinto y saquear gran parte de las tierras de cultivo que rodeaban Atenas.

No obstante, en ese momento, gran parte del ejército espartano todavía era responsable de regresar a sus hogares durante la cosecha, una tradición que tenía profundas raíces en la historia espartana. Esto significaba que cualquier progreso que los espartanos hicieran en las primeras etapas de la guerra generalmente se perdía cuando las tropas regresaban a casa para atender sus tierras. Sin embargo, es difícil incluso llamar a estos avances "beneficios", ya que había pocas personas, si es que había, que vivieran en el territorio en ese momento.

Quizás lo más importante que sucedió en estas primeras etapas de la guerra fue el brote de la peste dentro de la propia Atenas. Como se mencionó anteriormente, los atenienses habían abierto sus puertas a cualquiera que viviera en las tierras que rodeaban la ciudad, y esto causó un problema de población y saneamiento. La mayoría de los historiadores estiman que entre un cuarto y un tercio de la población ateniense murió como resultado de esta plaga, lo que significa que hubo una escasez de mano de obra significativa en Atenas cuando más necesitaban personas para luchar.

Pero los espartanos no lograron tomar ventaja de ello, quizás debido a sus obsesiones con una estrategia defensiva, y esto los dejó vulnerables cuando la plaga cesó y Atenas se recuperó. La siguiente etapa del conflicto perteneció a los atenienses, y por un tiempo pareció que podrían declarar la victoria.

Como se mencionó anteriormente, la fuerza de los atenienses era su armada. Entonces, cuando la plaga mató a su líder Pericles, quien era responsable de su estrategia defensiva en la primera parte de la guerra, su nuevo líder, Cleón, decidió atacar. Tomó la flota ateniense alrededor del Peloponeso y comenzó a atacar varias fortalezas espartanas en la costa.

La victoria más representativa que los atenienses obtuvieron contra los espartanos en ese momento ocurrió en Pylos y Esfacteria en 425 a. C., una región en la costa suroeste del Peloponeso. En Pylos, donde los atenienses aterrizaron como resultado de una tormenta que los llevó a tierra, los atenienses lograron establecer una posición avanzada, y enviaron un mensaje de que aceptarían a los fugitivos. Esta estrategia se desarrolló justo en la debilidad de los espartanos para una rebelión *ilota*, ya que no solo los distraería de su guerra con Atenas, sino que también ejercería una presión considerable sobre su capacidad para producir las disposiciones necesarias para apoyar a su población y a sus ejércitos.

Al notar que los atenienses iban tras ellos cuando estaban en su punto más débil, los espartanos sabían que tenían que responder, y lo hicieron enviando un gran grupo de sus mejores soldados a Pylos. Sin embargo, los atenienses lograron atrapar gran parte de esta fuerza en la isla de Esfacteria, que se ubica cerca de la costa de Pylos. Esto habría sido un duro golpe para los espartanos por dos razones. Primero, estos soldados eran algunos de los mejores, y perderlos habría sido una gran fuente de vergüenza. En segundo lugar, esta victoria mostró a los atenienses que tal vez podrían competir con los espartanos en una batalla terrestre, algo que antes era inimaginable.

Al reconocer su difícil posición, los líderes espartanos lo consideraron como un buen momento para comenzar a negociar por la paz. Entregaron su flota en Esfacteria para mostrarles a los atenienses que estaban negociando de buena fe, y posteriormente un representante de los espartanos regresó a Atenas para tratar de llegar a un acuerdo. Pero las negociaciones fracasaron y los soldados que habían quedado varados en Esfacteria fueron devueltos a Atenas como prisioneros de guerra.

En este punto, un hombre llamado Brasidas fue nombrado comandante en jefe del ejército espartano, y convenció a los líderes espartanos de emplear una estrategia similar a la de los atenienses. Específicamente, sugirió que navegaran hacia el Egeo Septentrional y atacaran algunas de las fortalezas atenienses, con la esperanza de que esto debilitaría a Atenas en su núcleo y lo disuadiría de continuar el conflicto.

La asamblea espartana votó a favor del plan de Brasidas, y fueron recompensados con un éxito asombroso. Navegaron a la gran ciudad-estado de Anfípolis y, a través de una combinación de éxito militar y diplomacia, lograron obtener el apoyo de muchas de las otras ciudades-estado de la región, en gran parte prometiéndoles libertad. Sin embargo, se cree que parte de la razón por la que Brasidas fue tan bien recibida fue porque la gente en Grecia en ese momento se estaba cansando de este conflicto ahora prolongado entre Atenas y Esparta.

Sin embargo, la campaña de Brasidas en el Egeo Septentrional, se llevó a cabo utilizando una fuerza de *ilotas* liberados, lo que sugiere que los espartanos eran cada vez más conscientes de su mayor debilidad, y esto ayudó a resolver el puntaje después de las victorias atenienses en Pylos y Esfacteria. Pero lo que es más importante, aumentó el apetito por la paz dentro de la asamblea ateniense, y cuando Cleón fue reemplazado por el Nicias más moderado y pacifista, esto parecía ser una posibilidad real.

En 421 a. C., diez años después del comienzo de los combates, Atenas y Esparta firmaron la Paz de Nicias. Se suponía que este tratado establecería relaciones pacíficas entre las dos ciudades-estado durante los próximos 50 años, y fue diseñado para tratar de establecer una relación que imitara lo que las dos partes tenían antes de que comenzara el conflicto. Esto significó que ambas partes tuvieron que renunciar a algo que habían ganado como resultado del conflicto. Para Esparta, esto significaba abandonar algunas de las fortalezas que Brasidas había logrado asegurar en el norte del Egeo.

Sin embargo, esto fue un bajo precio a pagar para poner fin a una guerra que parecía no ir a ninguna parte. Como se mencionó, los espartanos nunca estuvieron realmente interesados en derrotar a los atenienses. Simplemente querían quedarse solos en el Peloponeso, pero con la ambición ateniense en aumento, no parecía que esto fuera posible. La Paz de Nicias podría haber brindado la esperanza de que esta fuera una posibilidad real, pero al igual que la Paz de los Treinta Años, este tratado no fue construido para prevalecer. La lucha se reanudaría en los próximos diez años, y la Guerra del Peloponeso se convertiría en un conflicto mucho mayor, uno que definiría esa era.

Atenas se Mantiene a la Defensiva y Reanuda la Guerra

La siguiente fase de la Guerra del Peloponeso se conoce generalmente como el Interludio, y aunque estos años pueden considerarse como un precursor de la tercera y última etapa de la guerra, hubo poco conflicto real entre los espartanos y los atenienses. De hecho, se puede decir que la razón por la cual estos años son importantes es porque los atenienses se mantuvieron a la defensiva y continuaron intentando expandirse.

Hemos mencionado anteriormente cómo los atenienses en ese momento de su historia estaban muy interesados en ganar más poder dentro del mundo griego, y esta ambición condujo a una serie de errores que eventualmente causarían que Atenas desperdiciara por completo las ventajas que tenía y deshacer gran parte del moderado progreso que había logrado en la primera parte de la guerra.

Lo primero que hizo Atenas para provocar a Esparta después de la Paz de Nicias fue realizar una alianza con Argos, el vecino y enemigo de Esparta. Atenas también logró convocar a Elis y Mantineia, dos ciudades-estado más pequeñas, a la alianza, lo que provocó aún más a los espartanos. En 418 a. C., la respuesta de los espartanos fue reunir una fuerza de unos 9.000 hombres y llevarla a Mantineia, donde lograron obtener una victoria decisiva que terminó con esta coalición antes de que comenzara.

Esta acción de los atenienses mostró que tenían poco o ningún interés en conservar la paz que habían acordado solo tres años antes, y esto habría sido preocupante para los espartanos. Además, los atenienses continuaron demostrando sus ambiciones imperiales al lanzar un ataque contra Melos, una ciudad-estado insular en el sur del Egeo. Su éxito brindó valentía a los líderes atenienses y les otorgó la idea de que sería un movimiento acertado para continuar tratando de expandir su huella.

Es en parte debido a esta victoria en Melos que los atenienses decidieron enviar su flota, llena de tropas, hasta Sicilia en un intento de colocar a las ciudades-estado griegas en la isla, como Siracusa, bajo la mira de la Liga de Delos y el imperio ateniense.

Este movimiento resultó ser desastroso, en gran parte porque los atenienses subestimaron el apoyo que tenían de los griegos sicilianos, y esto llevó a una destrucción casi total de la flota y el ejército atenienses, algo de lo que nunca se recuperarían en realidad. Mientras tanto, los espartanos habían retornado una vez más y se habían concentrado en construir sus ejércitos. Después de observar cómo los atenienses estaban dispuestos a unirse con algunos de los enemigos más odiados de Esparta— como Argos— probablemente consideraron que el conflicto entre Atenas y Esparta probablemente se reanudaría.

En general, lo anterior colocó a Esparta en una posición ventajosa al pasar a la fase final de la guerra. Los atenienses se habían debilitado severamente por su imperialismo demasiado ambicioso, y los espartanos se habían vuelto mucho más fuertes debido a su decisión de quedarse en casa y fortalecerse. Esto se combinaría con una serie de otros factores para colocar a Esparta en esta posición para finalmente ganar esa batalla decisiva contra los atenienses y poner fin a la Guerra del Peloponeso de una vez por todas.

La Guerra Jónica

Los espartanos entraron en conflicto con los atenienses una vez más cuando Alcibíades, un líder ateniense conocido, pero controvertido, proporcionó a los espartanos información sobre lo que estaba sucediendo en Sicilia. Esto es significativo porque los siracusanos se aliaron con los corintios, quienes se aliaron con los espartanos. Como resultado, los corintios enviaron barcos para ayudarlos a defender su ciudad contra el asedio ateniense, y los espartanos también enviaron una fuerza menor, pero efectiva. Esto enfrentó a los espartanos y los atenienses entre sí una vez más, lo que significaba que la Guerra del Peloponeso se había reanudado, pero esta vez los atenienses se encontraban en una posición precaria.

Reconociendo esto, los espartanos decidieron enviar un ejército a Ática para atacar Atenas. Sin embargo, en contraste con su política en la primera fase de la guerra, los espartanos establecieron una base en Ática y dejaron de exigir que los soldados regresaran a casa para la cosecha. Esto significaba que los espartanos podían realizar incursiones mucho más consistentes y de mayor alcance en Ática, lo que habría ejercido aún más presión sobre Atenas que antes. Los espartanos establecieron su base en Decelea, razón por la cual esta parte de la guerra a veces se conoce como la Guerra Decélica.

Sin embargo, los espartanos sabían que no serían capaces de derrotar con éxito a los atenienses hasta que lograran reducir su poder en el Mar Egeo. Como resultado, los espartanos comenzaron a construir su flota naval, algo que normalmente no había sido parte de su tradición militar. Además, para mostrar su agradecimiento a los espartanos y corintios por ayudarlos a defender su ciudad contra una invasión ateniense, los siracusanos enviaron barcos y hombres para ayudar a los espartanos con su campaña en el Egeo.

El escenario estaba preparado para una victoria espartana, pero aun así no sería fácil. La flota ateniense había sufrido graves daños durante sus campañas en el Interludio, pero Atenas todavía tenía una considerable reserva de oro y plata en su tesoro, la cual utilizó para reconstruir su flota por última vez.

Sin embargo, esto todavía no sería suficiente. Las incursiones espartanas en Ática desde su base en Decelea estaban comenzando a causar escasez en los mercados atenienses, y los espartanos también estaban logrando restringir la mayor parte del acceso de Atenas a sus minas de plata, lo que significa que se estaban quedando sin comida y dinero. Sin embargo, a pesar de todo, Esparta no logró dar un golpe decisivo a los atenienses. Sus aliados tardaron en proporcionar las tropas y los barcos que habían prometido, por lo que cuando los espartanos se enfrentaron a los atenienses en la batalla de Cinosema en 411 a. C., fueron atacados gravemente, infundiendo esperanza en la causa ateniense una vez más.

Los atenienses, bajo el mando de Alcibíades, que había cambiado de nuevo su lealtad y ahora era leal a Atenas, tomaron ventaja de esta victoria en 411 a. C. para lanzar una campaña de retorno, pero esto solo ascendió a unas pocas victorias menos, relativamente insignificantes, en todo el Egeo, con la excepción de la Batalla de

Cícico, que se libró en 410 a. C. Los espartanos fueron gravemente atacados en este conflicto; sin embargo, el único impacto real de esta batalla fue que ayudó a Alcibíades a regresar temporalmente a las gracias del pueblo ateniense. Como resultado, es seguro confirmar que esta campaña realmente solo prolongó lo inevitable, que en este punto fue una victoria espartana.

Lisandro Concluye Guerra

Los atenienses lograron derrotar a los espartanos en otra batalla en 406 a. C., pero no lograron acabar con la flota espartana, algo que el pueblo ateniense consideró como un terrible error. Esto llevó a los comandantes de la flota a ser juzgados, y fueron condenados a muerte y ejecutados. Muchos historiadores señalan lo anterior como un punto de inflexión en las etapas finales de la guerra porque colocó a los atenienses en una desventaja significativa: ahora estaban sin sus comandantes navales más importantes.

Pero existía un problema mayor en puerta, y un almirante espartano en ese momento, Lisandro, sabía cómo tomar ventaja. Específicamente, las incursiones espartanas en Ática habían destruido las tierras de cultivo alrededor de la ciudad, y esto significaba que Atenas se había vuelto excesivamente dependiente de la región de los Dardanelos del Egeo, un área que también se conoce como Helesponto, ubicada en el noreste del mar Egeo.

Al notar esta debilidad, Lisandro envió su flota al Helesponto en 405 a. C. Esto significa un cambio en la estrategia espartana en aquel momento. Ya no estaban interesados en tomar el control de las fortalezas atenienses en el Egeo. En cambio, estaban más preocupados por aumentar los efectos de su asedio que esperaban que forzara a los atenienses a rendirse.

Lisandro demostró tener razón. La flota ateniense no tuvo más remedio que seguir a los espartanos al Helesponto, y posteriormente los espartanos retornaron y lanzaron un ataque inesperado contra los atenienses. Todos, a excepción de doce barcos atenienses, fueron destruidos en lo que se conoció como la Batalla de Egospótamos, y los espartanos lograron capturar o asesinar a unos 4.000 soldados atenienses. Esta fue la victoria decisiva que habían estado esperando. Dejó a los atenienses sin tropas ni barcos, y también les brindó el control de Helesponto a los espartanos, y los dejó sin ningún medio para adquirir alimentos. Los atenienses fueron derrotados, y lo sabían, así que comenzaron a demandar la paz.

La rendición ateniense ante los espartanos fue una aceptación humillante de la derrota de Atenas, que solo 50 años antes había sido el principal poder naval en el Egeo y el Mediterráneo y que Esparta estuvo a punto de vencer durante el primer año de la guerra. Pero esta derrota fue en gran parte culpa de los atenienses y sus continuas ambiciones de expandir su zona de influencia más allá en el mundo griego.

Debido a esta agresión, algunos de los miembros de la Liga del Peloponeso, como Tebas y Corinto, así como Lisandro y sus partidarios, buscaban castigar a los atenienses destruyendo su ciudad y esclavizando a la gente. Pero los moderadores tanto en Esparta como en la Liga rechazaron esta noción con el argumento de que los atenienses habían contribuido demasiado a la cultura griega en su conjunto como para justificar su eliminación total de la faz de la tierra. Los atenienses fueron maltratados, y esto habría sido evidente para los líderes de Esparta, por lo que probablemente eligieron tratar a sus enemigos derrotados con misericordia en lugar de malicia. Sin embargo, los atenienses no fueron liberados por completo. Se vieron obligados a derribar sus muros y destruir lo que quedaba de su flota, y Esparta, bajo la insistencia de Lisandro, obligó a los atenienses a recordar a los demás que se habían exiliado, lo que ayudaría a crear más incertidumbre en la política ateniense y permitiría que Esparta asumiera un papel más importante en los asuntos de la ciudad.

Conclusión

La guerra del Peloponeso es un punto de inflexión crítico en la historia de Esparta, así como en la historia de Grecia y el mundo. La victoria de Esparta significó que los días del imperio ateniense habían terminado. Atenas continuaría siendo una ciudad importante en el mundo antiguo, pero nunca más recuperaría el grado de poder e influencia que adquirió después de las guerras greco-persas y posteriormente se desaprovechó en la Guerra del Peloponeso.

Sin embargo, para Esparta, esta victoria marcó el comienzo de una nueva era. Las posesiones atenienses en el Egeo y más allá fueron entregadas a los espartanos, y esto significaba que por primera vez habría un imperio espartano que gobernaría el mundo griego.

Sin embargo, aunque el tiempo de Esparta como potencia imperial resultaría ser breve, este período en la historia es importante porque ayuda a demostrar cuán importante era Esparta en ese momento. A pesar de carecer de las mismas tradiciones culturales que Atenas (como la democracia, la filosofía y los avances científicos), y en menor medida Corinto y Tebas, los espartanos lograron conducirse diplomáticamente a la cima de la Liga del Peloponeso, y posteriormente abrirse camino hasta la cima del mundo griego entero.

Curiosamente, esta nunca fue su ambición, y es esta aura de humildad lo que a menudo inspira gran asombro y admiración en aquellos que han invertido tiempo estudiando la historia espartana. Sin embargo, si Esparta es o no digna de estos elogios, depende del punto de vista. Pero lo que no se debate es que a finales del siglo V, los espartanos estaban solos en la cima del mundo griego.

Capítulo 5 – La Hegemonía Espartana, la Guerra de Corinto y el Declive de Esparta

Tras derrotar a los atenienses en la guerra del Peloponeso, los espartanos se encontraban en una posición única. Primero, Atenas ya no era una amenaza. Sus muros habían sido derribados, su flota había sido destruida y sus posesiones en el extranjero habían sido entregadas a los espartanos. Para ayudar a consolidar su poder, los espartanos trabajaron para instalar gobiernos pro-espartanos en muchos de los lugares donde los atenienses habían estado gobernando.

Pero quizás de igual importancia fue que la Guerra del Peloponeso demostró al mundo que los espartanos podían producir una flota naval competitiva. Durante mucho tiempo se les había considerado combatientes expertos en tierra, pero nunca se les había considerado un poder marítimo formidable. Sin embargo, su derrota a los atenienses ayudó a cambiar esta imagen, y los espartanos lo usarían para su ventaja en el período inmediatamente posterior a la Guerra del Peloponeso.

Este próximo capítulo de la historia espartana a menudo se conoce como la hegemonía espartana, en gran parte porque es el único momento en la historia en que los espartanos estaban solos en la cima del mundo griego. Esparta también se involucró en una campaña sin precedentes de intromisión en los asuntos políticos de otras ciudades-estado, una medida que les costó la reputación de estar en contra de la democracia.

Sin embargo, este período de dominación espartana sería de corta duración. Existen algunas razones para esto, la primera es que los griegos, como era de esperar, no dejaron de pelear entre sí después de la Guerra del Peloponeso. De hecho, dos de los antiguos aliados de Esparta, Tebas y Corinto, se unirían para luchar contra los espartanos en la Guerra de Corinto, y Esparta también enfrentaría una serie de derrotas mientras intentaba ejercer su poder en Asia Menor, una región que se puede encontrar en la actual Turquía.

Pero fue durante la Guerra de Bastián que los espartanos perdieron la decisiva batalla de Leuctra que puso fin a la hegemonía de Esparta en la región y marcó el principio del fin de esta gran ciudad-estado griega. Sin embargo, en ese momento estaba ocurriendo otro fenómeno que no tenía nada que ver con el ejército espartano. Más específicamente, los espartanos comenzaban a ser superados en número por los *ilotas*. La ciudadanía espartana debía ser transmitida por sangre, y esto significaba que había un límite en el número de personas que podían contarse como ciudadanos espartanos. Esto creó una gran cantidad de inestabilidad dentro de la propia Esparta, y condujo a una serie de rebeliones *ilotas* que contribuyeron significativamente a la desaparición de Esparta.

En general, este período de la historia representa los años crepusculares de la historia espartana, pero esto no los hace menos importantes. Es durante este tiempo que algunos de los reyes más famosos de Esparta llegaron a la escena, y Grecia experimentó un período de paz y estabilidad sin precedentes con Esparta como su hegemonía. Sin embargo, todas las grandes civilizaciones deben caer algún día, y las cosas no fueron diferentes con la poderosa Esparta.

Influencia Espartana Tras la Guerra en Atenas: Los Treinta Tiranos

Como se mencionó anteriormente, Lisandro, el almirante espartano responsable de derrotar a los atenienses en la Guerra del Peloponeso, fue una de las personas dentro de Esparta que abogó por la destrucción completa de Atenas y la sociedad ateniense. Finalmente fue anulado, pero su insistencia en que Atenas se viera obligada a volver a llamar a sus exiliados, lo que Lisandro consideró como un plan B adecuado, funcionó, y esto terminó teniendo un efecto dramático tanto en Atenas como en Esparta en los años inmediatos posteriores a la guerra.

Esto se debe a que las personas expulsadas de Atenas por el gobierno ateniense eran amenazas a la democracia. Por lo tanto, cuando regresaron a la ciudad y una vez más se les otorgó posiciones de poder, inmediatamente hicieron movimientos para socavar la democracia ateniense. Los espartanos, particularmente Lisandro, estaban dispuestos a apoyar este movimiento, ya que lo consideraban como un castigo apropiado por el dolor y la lucha causados por los atenienses en la Guerra del Peloponeso. Por supuesto, un observador imparcial sabe que ambas partes tuvieron la culpa del caos y la destrucción que tuvo lugar durante este prolongado conflicto. Pero, como dicen, la historia está escrita por los vencedores.

Una vez que los atenienses exiliados regresaron, los espartanos ayudaron a 30 de los más poderosos a ser elegidos como gobierno. Se les otorgaron los mismos poderes que la asamblea ateniense, y esto esencialmente convirtió al gobierno ateniense en una oligarquía. Este cuerpo gobernante se hizo conocido como los Treinta Tiranos, en gran parte porque impusieron un gobierno severo que buscaba limitar las libertades y socavar los pilares de la sociedad ateniense.

Una de las primeras cosas que hicieron los Treinta fue nombrar un consejo judicial de solo 500 hombres. Este papel fue ocupado previamente por todos los ciudadanos, al igual que el jurado que conocemos en una democracia actual. Además, los Treinta eligieron a otros 3.000 hombres para "compartir en el gobierno", pero todo esto realmente significaba que se les otorgaban privilegios especiales, como el derecho a portar un arma, ser juzgados por un jurado y vivir dentro de los límites de la ciudad. No existen registros oficiales de estos 3.000 hombres, por lo que se sabe muy poco sobre ellos, pero se cree que este grupo estaba formado por las únicas personas dentro de la sociedad ateniense que apoyaban el régimen de los Treinta Tiranos.

La característica definitoria de la regla de los Treinta Tiranos era el terror. Durante sus ocho meses de poder, el grupo mató a alrededor del 5 por ciento de la población de la ciudad y, según Aristóteles, unas 1.500 personas fueron ejecutadas sin ningún tipo de juicio, algo que se habría considerado terriblemente despiadado en la sociedad ateniense. Los Treinta fueron especialmente duros con todo aquel que hablara en contra de su gobierno.

Aquellos que decidieron oponerse al gobierno violento e inhumano de los Treinta Tiranos se arriesgaron a ser exiliados o ejecutados. Como resultado, pocas personas se manifestaron contra el régimen. Alguien que sí lo hizo, Thrasybulus, fue exiliado, y mientras estaba fuera de Atenas, logró reunir partidarios y asistencia de los tebanos y atacar la ciudad. Sus fuerzas rebeldes lograron derrotar a los Treinta, en gran parte porque el público en general odiaba a sus gobernantes y estaban dispuestos a apoyar cualquier oposición que pareciera tener una oportunidad de tener éxito.

No obstante, Atenas tendría dificultades para recuperarse de este período de gobierno severo. La democracia nunca regresó por completo, y la propia Atenas no pudo volver a su posición de gloria anterior a la guerra. Entonces, en este sentido, especialmente al mirar las cosas desde la perspectiva espartana, los Treinta Tiranos tuvieron bastante éxito en lograr lo que se propusieron.

El principal efecto que tuvo este período en los espartanos fue que les ayudó a ganar una reputación antidemocrática. Esparta había sido gobernada por una asamblea elegida durante varios cientos de años, pero su trato severo con los *ilotas* aunado con su papel en el establecimiento de los Treinta Tiranos ayudó a difundir la idea en todo el mundo griego de que los espartanos no eran partidarios de la democracia. Quizás es por esta razón que muchas de las ciudades-estado griegas que alguna vez habían apoyado a Esparta, como Corinto y Tebas, comenzaron a alejarse de sus aliados y eventualmente entablar conflictos. De hecho, comenzamos a notarlo con el apoyo de Trasíbulo contra los Treinta Tiranos.

Política Exterior Posguerra de Esparta

Un concepto importante para recordar sobre este periodo en la historia griega es el de *estasis*. Este término se refiere a las constantes disputas que existían entre los diversos aristócratas de la antigua Grecia, pero luego, cuando Tucídides escribió *Historia de la Guerra del Peloponeso*, también comenzó a referirse a los combates que ocurrieron entre las facciones democráticas y oligárquicas dentro de la *polis* griega.

Muchos consideran que la *estasis* proviene de los ideales que se formalizaron en la *Ilíada* de Homero. Más específicamente, en el poema épico, Homero afirma que el objetivo de todos los hombres en Grecia era "ser el primero y superior a los demás". Esta idea se basó originalmente en el desempeño individual en combate, ya que la valentía y el valor fueron idealizados, siendo la retórica considerada como un concepto importante en toda la antigua Grecia.

No obstante, a medida que transcurría el tiempo, esta lucha por la supremacía se volvió más violenta e involucró a grupos más extensos. Tucídides describió este concepto con gran detalle, y los historiadores contemporáneos le han asignado el término *estasis*. A menudo se compara con una enfermedad que plaga el mundo griego, y fue un concepto subyacente en el estudio de Tucídides sobre la Guerra del Peloponeso, porque sintió que este deseo de prestigio y poder era uno de los principales impulsores del conflicto.

Curiosamente, sin embargo, Esparta logró permanecer relativamente libre de este problema en gran medida porque el gobierno espartano siempre había sido controlado por un grupo relativamente reducido de personas. Como tal, los espartanos eran partidarios frecuentes de los oligarcas, y cuando vencieron a los atenienses en la Guerra del Peloponeso, una de las primeras cosas que hicieron fue establecer oligarquías que serían leales a Esparta en sus territorios conquistados. Esto, junto con el uso de *ilotas*, fue la forma en que lograron obtener el control de la mayoría del Peloponeso, por lo que tiene sentido que intentaran continuar esta estrategia después de convertirse en el hegemón del mundo griego. Pero probablemente también tuvo el efecto de generar más hostilidad hacia los espartanos.

Junto con estos esfuerzos para establecer oligarquías pro-espartanas en todo el mundo griego, los espartanos estaban ocupados tratando de reparar sus deudas con los persas, principalmente con el príncipe persa Ciro, que había otorgado dinero y barcos a los espartanos en las etapas finales de la Guerra del Peloponeso. Además, Esparta dirigió parte de su agresión a la ciudad de Elis, que se encuentra cerca del monte Olimpo. Los espartanos sintieron que Elis se había excedido al reclamar soberanía sobre ciertos territorios que Esparta consideraba como suyos.

Pero antes de avanzar en Elis, los espartanos primero solicitaron apoyo a la Liga del Peloponeso. Sin embargo, tanto Corinto como Tebas se negaron a ayudar, lo que indica que a medida que el calendario cambiaba del siglo V al siglo IV a. C., la influencia de Esparta en la Liga del Peloponeso estaba disminuyendo, y tal vez la propia Liga comenzaba a desvanecerse. Sin embargo, Esparta se movió sobre Elis y logró derrotarlo por sí solo, recuperando los territorios en disputa.

Otro problema importante que ocurrió durante el tiempo de la hegemonía espartana fue el problema de Jonia, que era el nombre utilizado para las ciudades-estado griegas ubicadas en la costa sur y oeste de lo que hoy es la Turquía actual. La mayoría de estas *polis* habían sido leales a Atenas, pero estaban constantemente bajo amenaza de invasión persa. Como resultado, en un intento de colocar a estas ciudades-estado bajo la zona de influencia espartana, los espartanos enviaron fuerzas a esta región y también trabajaron para comenzar y apoyar las rebeliones dentro de las ciudades-estado griegas.

Sin embargo, en el año 398 a. C., las cosas cambiarían. Agesilao II se convirtió en rey con la ayuda de Lisandro, y se encargó de vengarse de algunos de los persas —consideró que los comandantes persas de la región habían traicionado a los dioses— y también de liberar a las ciudades-estado griegas sometidas a los persas para que volvieran a ser autónomas.

Para lograrlo, Agesilao II reunió un ejército de aproximadamente 6.000 tropas aliadas y 2.000 ilotas liberados y marchó a través de Macedonia y Tracia, sobre el Helesponto y hacia Asia Menor para enfrentarse a los persas y hacerlos retroceder. Su primera campaña fue muy exitosa, y el gobernador persa de la región, Tisafernes, observó que tenía pocas posibilidades de evitar que los espartanos avanzaran. Como resultado, trató de sobornar a Agesilao II para detener su campaña, pero manteniéndose en línea con la austeridad espartana tradicional, Agesilao II se negó. Sin embargo, ambos entablaron negociaciones que terminaron con Agesilao II acordando retirarse nuevamente al territorio griego y Tisafernes acordando liberar algunas de las ciudades-estado griegas que habían estado bajo dominio persa.

Sin embargo, esto solo satisfizo temporalmente a Agesilao II. Se retiró a Frigia, una región de Asia Menor, pero una vez allí, comenzó a planificar su próxima invasión de Persia. La mayoría considera que estaba planeando profundizar en territorio persa, considerando la capital Susa como su objetivo principal. Pero nunca lo lograría, porque Agesilao II se enteró de que muchas de las ciudades de Grecia continental estaban luchando una vez más, lo que significaba que tenía que volver para defender a Esparta contra sus enemigos. Pero este conflicto, que finalmente obstaculizó las iniciativas espartanas en Asia Menor, puede haber sido en realidad el trabajo de los líderes persas con la esperanza de deshacerse de una Esparta problemática y poderosa.

La Guerra Corintia

Para entender la Guerra de Corinto, es importante entender cómo cambió Esparta después del final de la Guerra del Peloponeso. Antes de este conflicto, Esparta había estado más preocupado por la defensa y la seguridad. Tenía poco interés en expandir su zona de influencia más allá de la Liga del Peloponeso y el Peloponeso, y entró en conflicto con Atenas en gran parte porque sentía que las ambiciones imperiales atenienses eran una amenaza para la autonomía espartana.

Sin embargo, después de que Esparta derrotó a Atenas, todo cambió. Esparta se involucró en la política de las ciudades-estado en todo el mundo griego, instalando oligarquías pro-espartanas donde fue posible, y cuando Agesilao II tomó el trono, comenzó a mostrar signos de que estaba interesado en colocar zonas de Asia occidental bajo su control. No está claro por qué exactamente Esparta experimentó un cambio tan dramático, pero es probable que el botín de la guerra y la perspectiva de expandir su riqueza e influencia fuera simplemente demasiado para que los líderes espartanos se resistieran. Nuevamente, como vimos en Atenas, una vez en el poder es fácil entender por qué es mejor ser los gobernantes en lugar de los gobernados.

Dado que los espartanos eran admiradores del gobierno duro y oligárquico, la perspectiva de una Esparta más extensa y poderosa no fue aceptada por algunas de las otras ciudades-estado poderosas del mundo griego, a saber, Tebas, Corinto y Atenas. La evidencia de ello se puede observar en cómo los tebanos y corintios, que durante la mayor parte de la historia se habían aliado con los espartanos, comenzaron a retractarse de su apoyo, dejando a Esparta más aislada que nunca. El mejor ejemplo de esto es la negativa generalizada de Corinto, Tebas y Atenas para apoyar la expedición espartana al territorio persa.

Reconociendo que los espartanos se separaban cada vez más de sus aliados, los persas, bajo el liderazgo del poderoso gobernador Farnabazo II, comenzaron a enviar oro a las ciudades del continente griego para alentar a las personas a actuar contra Esparta. Esta estrategia funcionó cuando Atenas y Tebas se interesaron en renovar el conflicto con Esparta.

Pero ninguno estaba dispuesto a atacar a Esparta directamente, por lo que, en 395 a. C., Tebas decidió tomar una forma más indirecta para comenzar un conflicto. Se dirigieron a uno de sus aliados, la ciudad-estado Lócrida, y los alentaron a comenzar a recaudar impuestos de un territorio reclamado tanto por Lócrida como por el país colindante, Phocis. Cuando esto sucedió, Fócida invadió Lócrida. Como Tebas era un aliado de Lócrida, ellos también se unieron a la lucha, y como Esparta estaba alineada con Fócida, se levantaron en armas.

Estos eventos indicaron a la mayoría del mundo griego que la guerra se acercaba una vez más, por lo que las *polis* comenzaron a elegir bandos. Sorprendentemente, aunque los acontecimientos del pasado reciente indicaron que esto sucedería, Corinto decidió entrar en la lucha contra los espartanos, al igual que Atenas y Argos. En este sentido, la guerra se volvió rápidamente en Esparta contra casi toda Grecia.

A lo largo de 394 a. C., se libraron diversas batallas que ayudarían a determinar el curso de este conflicto. La primera fue una batalla terrestre en Nemea, cerca de Corinto. En esta batalla, el flanco derecho de cada fuerza logró atravesar la línea enemiga, lo que significaba que la batalla inicialmente se había transformado en un punto muerto. Sin embargo, los espartanos lograron retroceder y dar un golpe decisivo a sus enemigos aliados. Las bajas aliadas fueron más del doble de las pérdidas espartanas, y esto colocó a Esparta en una ventaja significativa al inicio de la guerra. Una batalla similar se libró más tarde ese año en Coronea, un territorio en Beocia cerca de Tebas, y combinadas, ambas batallas mostraron que los espartanos aún eran superiores a sus enemigos cuando luchaban en tierra.

No obstante, las cosas no eran similares al luchar en el mar. Las fuerzas aliadas se beneficiaron de barcos y marineros enviados por los persas, que incluían fenicios y chipriotas. Además, los atenienses ofrecieron a su mejor comandante naval, Conon, quien ayudó a llevar su flota a la victoria sobre los espartanos en Cnido.

A finales de 394 a. C., tras haber ganado varias batallas decisivas, pero también después de conocer sus vulnerabilidades en el mar, el ejército espartano regresó a Esparta para reagruparse y prepararse para la próxima ronda de combates. Sin embargo, antes de que comenzara esta lucha, el caos estalló en Corinto entre los demócratas y los aristócratas. Los argivos, que durante mucho tiempo habían querido incorporar a Corinto a su *polis*, apoyaron a los demócratas, y los espartanos apoyaron a los oligarcas, o aristócratas poderosos, que fueron expulsados de la ciudad desde el inicio y se vieron obligados a refugiarse en la costa de Lequeo.

La lucha entre los corintios dominó gran parte de 393 y 392 a. C., pero concluyó en 391 a. C. cuando los argivos, apoyados por los atenienses, ganaron la batalla de Lequeo. Tras su victoria, se estableció una democracia en Corinto, y los muros fronterizos entre Argos y Corinto se derribaron, fusionando efectivamente ambas *polis* en una.

Pero mientras esta lucha continuaba en Corinto, los espartanos, reconociendo su peligrosa posición, intentaban demandar la paz. Acudieron a los persas para indicarles que los atenienses estaban reconstruyendo sus muros y su flota, y que deberían considerarlo como una señal de que los atenienses estaban trabajando para construir su imperio una vez más, algo que los persas habrían tenido un gran interés en prevenir.

Los términos de paz presentados por Esparta fueron que todas las ciudades-estado griegas se volvieran autónomas e independientes, pero esto fue rechazado por los aliados. Tebas, en particular, estaba en contra de esta iniciativa porque había logrado crear una alianza con otras ciudades en Beocia, conocida como la Liga Beociana, y

Atenas, que había logrado apoderarse de varias islas en el Egeo durante este conflicto, no estaba interesada en renunciar a estas ganancias. Como resultado, las negociaciones de paz fracasaron y la lucha se reanudó.

Los atenienses utilizaron su flota para navegar a lo largo de la costa del Peloponeso y causar estragos en las ciudades costeras espartanas. Los espartanos también trabajaron para construir su flota, y durante 391-389 a. C., los espartanos y los atenienses libraron diversas batallas navales en el Egeo, aunque no obtuvieron resultados decisivos.

En el 387 a. C., después de varios años de lucha alrededor del Istmo de Corinto, estaba claro para todas las partes involucradas que no se obtendría mucho de esta guerra. Además, los espartanos habían reunido fuerza y navegado a Helesponto con la intención de bloquear el comercio y cortar el suministro de grano de Atenas. Fue así como finalmente perdieron la Guerra del Peloponeso, este movimiento aumentó el deseo de Atenas por la paz.

Sin embargo, lo que realmente hizo posible la paz fue una intervención renovada de los persas. Su intromisión inicial en los asuntos griegos estaba destinada a socavar a Esparta y evitar que avanzaran en territorio persa. Pero después de años de guerra, se hizo evidente que el efecto real de esta estrategia era empoderar a otras ciudades-estado griegas, que Persia ciertamente no buscaba.

Bajo el aliento de los espartanos, los persas emitieron un decreto a los griegos que reclamaba la propiedad de las ciudades de Asia y de todas las demás ciudades griegas, tanto pequeñas como grandes, y que deberían ser libres e independientes. Sin embargo, el rey persa, Artajerjes II, también consideró en este decreto que cualquier griego que se opusiera a esto declararía la guerra contra los persas y se vería obligado a sufrir las consecuencias. Por razones obvias, ninguno de los aliados estaba interesado en tener que lidiar con otra guerra con los persas, por lo que aceptaron los términos establecidos por Artajerjes.

Este tratado de paz, conocido en ese momento como la Paz del Rey, marca el primero de muchos intentos de lograr la Paz Común, que es un concepto que se ocupa de los esfuerzos realizados para establecer una coexistencia pacífica entre todas las ciudades-estado griegas. Sin embargo, los espartanos quedaron como mediadores del tratado de paz, lo que significa que aún permanecían en la cima del orden político griego. Usaron este poder para obligar a Tebas a romper su Liga Beociana, y también obligaron a Argos y Corinto a separarse una vez más. Esto ayudó a devolver a Corinto a la Liga del Peloponeso, aunque esta ciudad, que una vez fuera muy poderosa, era entonces un mero caparazón de sí misma, y había perdido su posición con Esparta debido a su participación en la Guerra de Corinto.

En general, el verdadero ganador de esta guerra fue el rey persa Artajerjes II. El tratado que negoció implicaba que los griegos que vivían en Asia estaban oficialmente bajo su control. Las ciudades-estado griegas continentales, en gran parte Esparta, se vieron obligadas a dejar de responder a las solicitudes de ayuda de Jonia, y esto significaba que el rey persa ya no tenía que preocuparse por tratar de consolidar su poder en Asia Menor. Además, Argos quedó completamente aislado, y a los tebanos, que habían acumulado gran parte de su poder en este momento de la historia a espaldas de su Liga Beociana, se les prohibió firmar el tratado de paz en nombre de sus aliados, lo que efectivamente terminó con esta coalición. La idea era que si se suponía que todas las ciudades-estado griegas eran libres e independientes, entonces ninguna ciudad podría firmar por otra. Permitirlo habría reconocido la legitimidad de la Liga Beociana, y nadie en el mundo griego quería que existiera un poder como tal.

Este tratado de paz mostró que los reyes persas aún podrían tener éxito interfiriendo en la política griega, y debido a esto, algunos líderes del mundo griego intentaron reunir otra alianza para enfrentarse a los persas. Hicieron referencia a la alianza panhelénica que ayudó a los griegos a derrotar a los persas la primera vez, pero no existía interés en el mundo griego por un nuevo conflicto. Atenas se había debilitado enormemente desde la última guerra, y había poca voluntad para más guerras después de la Guerra de Corinto.

Si alguna de las ciudades-estado griegas se benefició de la Paz del Rey, fueron Atenas y Esparta. A Atenas se le permitió retener la posesión de tres ciudades-estado insulares que había incautado durante la Guerra de Corinto. Pero quizás lo más importante, la guerra le había brindado a Atenas la oportunidad de reconstruir tanto su flota como sus muros, y esto ayudó a restaurar parte del poder que había perdido como resultado de la Guerra del Peloponeso.

Esparta también puede considerarse una ganadora en gran medida porque se le otorgó la responsabilidad de negociar los términos del tratado de paz. Este movimiento reafirmó efectivamente la posición de Esparta como el hegemón del mundo griego, aunque, a cambio de ello, tuvo que abandonar por completo a los griegos jonios en Asia Menor, algo que no se habría aceptado con ninguno de los aristócratas espartanos.

Sin embargo, como suele ser el caso en la historia griega antigua, este tratado de paz no duraría. Los combates se reanudarían dentro de esa década, pero la próxima guerra que Esparta pelearía condujo directamente al final de su hegemonía y contribuyó significativamente al declive de la ciudad.

Los Espartanos Continúan a la Defensiva

La Paz del Rey se acordó en 387 a. C., pero en 385 a. C. quedó claro que los espartanos no tenían intención de cumplir los términos acordados por las ciudades-estado griegas. Agesilao II parecía interpretar el papel de Esparta como el mediador de la paz en el sentido de que Esparta debía aumentar su control sobre el poder en el mundo griego, por lo que se involucró en una serie de campañas militares que volvieron a poner a Grecia de cabeza.

Pero Agesilao II basó su plan en la superioridad del ejército espartano, que hasta ese momento de la historia había demostrado ser una ventaja significativa. Sin embargo, había un problema con esta estrategia: Esparta se estaba quedando sin soldados. Es importante señalar que no se estaban quedando sin población— todavía existían muchos *ilotas* dispersos por todo el Peloponeso.

En cambio, se estaban quedando sin espartanos. Estos eran ciudadanos espartanos que habían pasado por el entrenamiento militar especial de Esparta. Pero debido a que la ciudadanía espartana estaba determinada por la sangre, la base de los espartanos totalmente entrenados había disminuido durante algún tiempo. Mientras tanto, los enemigos de Esparta habían estado luchando contra los soldados altamente entrenados de Esparta durante décadas, y esta experiencia les ayudó a elevar sus propios estándares de combate a tal nivel que por poco se igualaron a los espartanos.

Sin embargo, Agesilao II decidió continuar con su plan de romper todas y cada una de las alianzas entre las ciudades-estado griegas para debilitar otras *polis* y reafirmar la posición de Esparta como el hegemón de la antigua Grecia. Su primer objetivo fue Mantinea, que había sido un aliado de Arcadia desde hace mucho tiempo, y logró que los mantineanos se sometieran represando un río cercano para que fluyera sobre las murallas de la ciudad.

Unos años más tarde, los espartanos prestaron su apoyo a los macedonios— una región en el norte de Grecia— mientras intentaban romper una alianza entre los países colindantes que habría amenazado el control de Macedonia en la región. Sin embargo, en su camino a Macedonia, los espartanos pasaron por Tebas, que había sido un enemigo de Esparta desde el final de la Guerra del Peloponeso. Una facción de tebanos que se había peleado con el partido gobernante invitó a los espartanos a la ciudad para solicitarles ayuda con su causa. El comandante espartano, Fébidas, estuvo de acuerdo y realmente aprovechó esto como una oportunidad para apoderarse de la ciudad.

Indignados, varios tebanos escaparon a Atenas, y en poco tiempo, representantes de todas las ciudades griegas se habían reunido en

Esparta para discutir cómo resolver este problema. Inicialmente, los espartanos indicaron que condenarían las acciones de Fébidas, pero, al final, eligieron simplemente multarlo, aceptando mientras tanto los resultados de sus acciones. En otras palabras, tomaron el control de Tebas.

En 382 a. C., los espartanos enviaron otra fuerza a Macedonia—la primera se detuvo en Tebas y se le necesitaba para acuartelar la ciudad—, y esta vez Agesilao II fue enviado a comandar el ejército. Logró avanzar en Tebas y comenzó a enfrentarse a los enemigos de los macedonios, lo que significaba asediar la ciudad de Olinto. Este asedio duró aproximadamente 20 meses con los olímpicos que originalmente lograron hacer retroceder a los espartanos. Sin embargo, finalmente Agesilao II y sus tropas lograron irrumpir en la ciudad y obligar a Olinto a capitular.

Debido a estas acciones, los espartanos habían tomado una vez más el control casi por completo del mundo griego. Controlaron la Liga del Peloponeso y Tebas. Corinto y Argos se percataron de que no tenían poder contra Esparta y, por lo tanto, acordaron no luchar, dejando a Atenas completamente aislada. Como resultado, solo cinco años después de la firma de la Paz del Rey, los espartanos habían subyugado efectivamente a todo el mundo griego. No es difícil entender por qué esto habría enojado a la mayoría de los griegos, lo cual preparó el escenario para otro conflicto.

La guerra de Beocia y el Fin de la Hegemonía Espartana

Los espartanos en este momento habían hecho casi todo lo posible para enfurecer a sus compañeros griegos. Los tebanos comenzaron a rebelarse en 379 a. C., y los espartanos se vieron obligados a reunir un ejército para contratacar. Sin embargo, este ejército demostró ser ineficaz para derrotar a los tebanos. Esto significaba que la guerra de Beocia estaba en marcha.

Para empeorar las cosas, el comandante espartano, Esfodrias, en 378 a. C. decidió atacar el Pireo, que era el puerto ateniense. Su plan era lanzar un ataque sorpresa contra los atenienses al amanecer, pero no llegó a tiempo y se vio obligado a retornar. Sin embargo, cuando lo hizo, decidió quemar y saquear las tierras a su paso, un movimiento que evidentemente enfureció a los atenienses.

La respuesta inicial espartana fue condenar este movimiento. Afirmaron que Esfodrias había actuado por su propia voluntad y que sus acciones no eran las del estado espartano. Como resultado, fue llevado a juicio, pero su hijo, que nació justo antes del juicio, fue nombrado el niño "más amable" y "más guapo" en Esparta, y el hijo de Agesilao II lo tomó, lo que aparentemente era motivo para la absolución en antiguas cortes espartanas.

Esfodrias no recibió castigo por sus acciones y esto obviamente enfureció a los atenienses, por lo que decidieron tomar represalias. Reunieron su flota y fueron directamente a Laconia. Se las arreglaron para derrotar a la flota espartana y tuvieron mucho éxito al asaltar territorios en la costa del Peloponeso. Este éxito llevó a la formación de la Segunda Liga de Delos.

Como respuesta, los espartanos enviaron una fuerza a Beocia, pero fueron derrotados, a pesar de que Tebas, la ciudad principal de Beocia, hizo todo lo posible para evitar conflictos con los espartanos. Parte de la razón por la que Tebas no quería luchar es porque sabían que todavía no eran rivales para el ejército espartano. Sin embargo, durante el tiempo que los espartanos intentaban invadir Beocia, los beocianos estaban ocupados tratando de formar una alianza, que terminó con la recreación de la Liga Beociana. Consistía en todas las diferentes ciudades de Beocia, y estaba dirigida por una asamblea elegida que tenía el poder de actuar en nombre de todos los ciudadanos.

La formación de la Liga Beociana comenzó un cambio en la política griega. Los atenienses todavía estaban preocupados por vengarse de los espartanos, pero se estaban quedando sin dinero, y la idea de una Beocia unificada presentaba la posibilidad de que estuvieran rodeados por dos países muy poderosos. Como resultado, convocaron una reunión de paz de todas las ciudades-estado griegas que se celebraría en Atenas en 371 a. C., y nuevamente los persas participaron en ayudar a negociar los términos del acuerdo.

Los términos del tratado requerían que: a) los espartanos retiraran a todos sus comandantes de las ciudades que estaban ocupando; b) todas las fuerzas militares se disolvieran; c) todas las ciudades se volvieran autónomas; y c) nadie se viera obligado a ayudar a una ciudad perjudicada si alguien incumplía los términos del tratado.

Al principio, todos parecían dispuestos a firmar el tratado, incluidos Tebas y Esparta. Sin embargo, poco después de firmar, Tebas intentó cambiar su firma a "Beocia", una medida que irritó a los espartanos en gran medida porque obligaba a los espartanos y al resto de las ciudades-estado griegas a reconocer la legitimidad de la Liga Beociana, la perspectiva de los cuales causó temor en la mayoría de los no beocianos.

Esparta se negó a permitir que Tebas firmara en nombre de todos los beocianos, y el representante de Tebas salió de la reunión, dejando en el aire su compromiso con el tratado de paz; nadie sabía si los espartanos y los tebanos todavía estaban en guerra. Entonces, para estar seguros, los espartanos reunieron a su ejército y lo enviaron a Beocia con la intención de acabar con la Liga Beociana recientemente reformada.

Ambos ejércitos se reunieron en Leuctra, un pequeño pueblo de Beocia, y la mayoría de los observadores en ese momento no creían que los tebanos tuvieran una oportunidad de victoria. Sin embargo, entre la experiencia que habían adquirido luchando contra los espartanos a lo largo de los años y los cambios en sus tácticas, como el uso de una *falange* (el nombre dado a la formación en la que lucharon los soldados griegos. Vea el capítulo 6 para más detalles) que tenía 50 hombres de profundidad, significaba que las reglas de compromiso habían cambiado.

El resultado fue que los tebanos ganaron una batalla decisiva. Este fue un acontecimiento importante, ya que el ejército espartano no había perdido tal batalla recientemente. Demostró que eran vulnerables, y esto terminó marcando el comienzo del fin del poder espartano.

Sin embargo, no fue solo que los espartanos perdieron. Su fracaso en la Batalla de Leuctra fue el resultado de la falta de voluntad de Esparta para cambiar sus políticas sobre ciudadanía. Como hemos mencionado antes, el número de ciudadanos había estado disminuyendo durante algún tiempo, y si hubieran sido más indulgentes, es decir, si hubieran permitido que más plebeyos pelearan en el ejército, podrían haber desplegado una fuerza mayor y tal vez derrotar a sus enemigos. Pero esto no sucedió, y la era de la hegemonía espartana había terminado. Tebas y la Liga Beociana se convertirían en los nuevos gobernantes del mundo griego.

Conclusión

No muy diferente de los atenienses, la caída de los espartanos fue su ambición. Su enfoque defensivo y aislacionista les ayudó a convertirse en los héroes de las guerras greco-persas, y les ayudó a ganar la Guerra del Peloponeso. Sin embargo, después de esta victoria, comenzaron a tratar de expandir su poder e influencia, y esto inmediatamente volvió a muchos de sus aliados contra ellos.

Además, la falta de voluntad de Esparta para adaptarse a su grupo decreciente de ciudadanos significaba que cuando perdieron ante los tebanos en la Batalla de Leuctra, los *ilotas* superaron dramáticamente a los espartanos, y esto contribuyó a una inestabilidad significativa dentro de Esparta. De hecho, después de la Batalla de Leuctra, muchos de los *ilotas* del Peloponeso se rebelaron, y esto significó que Esparta no podría prestar mucha atención a lo que estaba sucediendo fuera de Laconia y el Peloponeso. Esta política sin visión terminó creando muchos enemigos y los dejó sin el poder del pueblo necesario para luchar contra aquellos interesados en observar su desaparición.

Tras la Batalla de Leuctra, el papel de Esparta en la política griega disminuyó significativamente. Felipe II de Macedonia, el padre de Alejandro Magno, intentó que los espartanos se unieran a la "Liga de los Griegos", que sería una nueva alianza panhelénica, dirigida por los macedonios y diseñada para derrotar decisivamente a los persas, pero los espartanos se negaron. Después de que Felipe II murió y su hijo Alejandro (el Grande) se convirtió en rey de Macedonia, los espartanos intentaron invadirlos, pero fueron derrotados. Sin embargo, ni Felipe II ni Alejandro Magno pudieron conquistar oficialmente Esparta.

De hecho, Esparta permaneció políticamente autónoma, aunque relativamente débil, hasta 192 a. C. Fue un aliado de Roma en las Guerras Púnicas contra Cartago, pero poco después ambas ciudades se convirtieron en enemigas. Los romanos se unieron a la Liga de los aqueos (que era similar a la Liga del Peloponeso, excepto que excluía a Esparta) y varias ciudades-estado griegas en la Guerra de Laconia, que terminó con el derrocamiento de la monarquía espartana y el fin de la autonomía política espartana.

Es probable que Esparta pudiera haber continuado siendo un poder político firme por más tiempo si hubiera sido más adaptable. Sin embargo, es fácil hacer tal afirmación cuando se mira hacia atrás utilizando la perspectiva del análisis histórico. Pero, a pesar de su repentina caída en desgracia, Esparta fue uno de los poderes más fuertes e influyentes del mundo antiguo, una hazaña que nunca debe subestimarse.

Capítulo 6 – Gobierno Espartano, Militar y Sociedad

Muchos historiadores argumentan que la razón por la que Esparta logró obtener un poder tan considerable de manera temprana en su historia es porque logró la estabilidad política rápidamente en su vida. A diferencia de las otras ciudades-estado griegas, Esparta nunca sufrió realmente *estasis*, lo que se refiere al estado de inestabilidad que proviene de los aristócratas que compiten constantemente entre sí.

Pero, ¿por qué exactamente fue este el caso? Algunos han argumentado que debido a que Esparta se formó al reunir a cinco de las poblaciones más poderosas del Valle de Eurotas, hubo una necesidad de cooperar y colaborar desde el principio. La competencia no era la mejor forma de poder, y este concepto se consolidó en el estilo de vida espartano.

No obstante, había otras formas en que los espartanos lograron mantener el poder político, y una de ellas era limitar quién podía convertirse en ciudadano y oprimir a aquellos que consideraban no espartanos. Esta política eventualmente provocaría su desaparición, pero resultó efectiva para ayudarles a mantener el poder durante la era clásica.

Ninguna conversación sobre el poder espartano estaría completa sin hablar de sus fuerzas armadas. En la época de las guerras greco-persas, se creía que los persas tenían el ejército más poderoso del mundo. Sin embargo, los espartanos se enfrentaron a ellos contra probabilidades casi imposibles, demostrando a los ciudadanos de la antigüedad que los espartanos eran la fuerza a la que se debía temer. Llevaron esta reputación con ellos hasta su derrota ante los beocianos en la batalla de Leuctra.

En general, el gobierno y los militares de Esparta desempeñaron un papel importante para ayudarle a convertirse en uno de los poderes más importantes del mundo antiguo. Como resultado, es importante observar más de cerca el funcionamiento interno de ambos si esperamos obtener una comprensión completa de los espartanos y su forma de vida.

El Gobierno Espartano

Quizás lo más interesante del gobierno espartano es que fue gobernado por dos reyes. La razón exacta de esto es desconocida en gran medida porque Esparta se formó antes de que el griego fuera un idioma escrito. Sin embargo, algunos historiadores han teorizado que esto sucedió debido a la forma en que Esparta se convirtió en una *polis*. Diversas poblaciones poderosas se combinaron en una sola, y el uso de dos reyes pudo haber sido una forma de ayudar a asegurar que ninguna lograra ganar demasiado poder.

Otra teoría es que el uso de dos reyes fue una decisión consciente de limitar el poder del monarca espartano. En este sentido, podemos considerar esta forma única de gobierno espartano como una forma temprana de controles y equilibrios. Pero también es igualmente probable que el uso de dos reyes fuera una forma de empoderar a las otras partes del gobierno espartano, que mencionaremos en breve.

Los reyes espartanos afirmaron haber sido descendientes del dios Heracles, y debido a esto, todos los monarcas espartanos tuvieron que demostrar su relación con una de las dos familias, los Eurípónidos o las Agiadas. Ambos reyes tenían la misma autoridad, y esto estaba destinado a ayudar a asegurar que ninguno de los dos lograra anular al otro.

En los primeros días de Esparta, los deberes de los reyes eran religiosos, judiciales y militaristas. Eran responsables de tratar con los dioses, lo que significaba mantener la comunicación con el Oráculo en Delfos. También fueron los únicos que pudieron liderar a los espartanos en la batalla. Sin embargo, esto cambió con el tiempo. Los reyes espartanos todavía servían como generales, pero a menudo iban acompañados por funcionarios de la asamblea espartana.

Además, el poder de los reyes espartanos en los tribunales también se erosionó con el tiempo. Para cuando Heródoto escribió sobre las guerras greco-persas, los reyes espartanos eran responsables de los casos que trataban solo de herederos, adopciones y vías públicas. En este sentido, los reyes realmente no eran tan poderosos. En cambio, fueron los oligarcas espartanos quienes tenían la mayor parte del poder, y con el tiempo trabajaron para consolidarlo.

La mayoría de los asuntos de Esparta fueron manejados por los *éforos* o la *Gerousía*. La *Gerousía* era un consejo que consistía en los dos reyes y 28 ancianos mayores de 60 años. Cada miembro fue elegido y mantuvieron su cargo durante el tiempo que vivieron. La mayoría de los miembros de la *Gerousía* estaban relacionados de alguna manera con la familia real, y esta práctica ayudó a asegurar que el poder en Esparta permaneciera en manos de unos pocos.

Los *éforos* eran un grupo de cinco funcionarios elegidos por la *Gerousía*, que eran responsables de llevar a cabo los deseos de la *Gerousía*. Por ejemplo, en los últimos años de la historia espartana, los *éforos* acompañarían a los reyes en las campañas militares para asegurarse de que cumplieran con los planes aprobados por la *Gerousía*.

Debido a que el poder estaba tan consolidado, existe poco debate sobre si Esparta era de hecho una oligarquía, y debido a que este sistema de gobierno parecía funcionar adecuadamente para ellos, es posible que por eso apoyaran tanto a los regímenes oligárquicos en el resto del mundo griego. Sin embargo, a pesar del hecho de que el poder permaneció en manos de unos pocos, la gente tenía algo que decir. Eligieron funcionarios para los *damos*, que es el equivalente a una asamblea general. Sin embargo, los *damos* solo podían votar sobre los problemas presentados por la *Gerousía*, y esto limitó drásticamente el poder de este organismo.

Espartanos y Ciudadanos Espartanos

Otra manera en que el gobierno espartano mantuvo su control sobre el poder fue restringiendo quién podría ser ciudadano. El primer requisito para ser ciudadano espartano era pasar por un proceso conocido como agogé. Esta era una forma rigurosa de educación que se enfocaba en entrenar a los espartanos en las habilidades de sigilo, caza, lucha, lealtad, habilidades sociales, lectura y escritura, etc. Todos los varones de una familia espartana, excepto el primogénito, debían pasar por la agogé.

En general, los espartanos y los ciudadanos espartanos se establecieron solos en la cima de la pirámide social. Debajo de ellos estaban los *ilotas*, que eran esencialmente esclavos. No recibían educación y estaban muy restringidos en sus libertades, aunque existen algunas pruebas que sugieren que estaban en una mejor situación que los esclavos en otras partes de la antigua Grecia. Las mujeres que eran ciudadanas o espartanas recibían cierta educación, una rareza en el mundo antiguo, aunque se sabe poco de lo que realmente implicaba esta capacitación.

Como era evidente, la agogé era una institución muy exclusiva. Por lo general, solo aquellos que podían rastrear su ascendencia hasta uno de los habitantes originales de la ciudad se consideraban verdaderos espartanos. El término para estos individuos era espartano. Pero había otras formas en que las personas podían convertirse en ciudadanos espartanos. El primero fue el concepto de "trófimos", que se traduce como "hijos adoptivos". Estos eran niños que habían sido invitados desde el extranjero para participar en la agogé. La otra manera de convertirse en ciudadano espartano era si algún hijo de un *ilota* había sido adoptado por un espartano y accedió a pagar a través de la agogé. Desafortunadamente, no sabemos con qué frecuencia ocurrió lo anterior, pero sí sabemos que fue una política. Uno solo podía convertirse en un ciudadano espartano, ya que aquellos con la ascendencia correcta eran los considerados espartanos.

Sin embargo, el simple hecho de ser un espartano no significaba que se le garantizara la ciudadanía. Todavía era necesario participar en la agogé, y si un espartano no tenía los medios para pagar la capacitación en la agogé, corría el riesgo de perder su condición de ciudadano.

Debe quedar claro por qué la población eventualmente se convirtió en un problema en Esparta. El entrenamiento que recibían los espartanos era sin precedentes, pero era difícil para el ejército espartano reemplazar a un espartano debido a los estrictos requisitos para obtener la ciudadanía. Como resultado, los espartanos eventualmente se superaron en número en la sociedad espartana, y esto ejerció su control sobre el poder en grave riesgo.

El deber principal de los espartanos era participar en el ejército. Se les prohibió participar en trabajos domésticos, y también se les desanimó de demostrar su riqueza y estatus. Este énfasis en la austeridad y la humildad ayudó a los espartanos a ganarse la reputación de ser ciudadanos modelo, pero su brutalidad en la guerra y en la política exterior ha llevado a muchos historiadores a rechazar esta idea.

No Ciudadanos

Si alguien no era ciudadano espartano, era un *ilota* o un *períoikoi*. Los *ilotas* fueron una vez griegos libres que vivían en Laconia o Mesenia pero que habían sido esclavizados después de que los espartanos conquistaran estos territorios.

Los *ilotas* eran esencialmente esclavos. Fueron necesarios en gran medida porque los ciudadanos espartanos tenían prohibido realizar trabajos manuales, aunque todavía desempeñaban un papel en la gestión de sus tierras y propiedades. Esta era una práctica inusual para la época. La mayoría de los soldados griegos eran simplemente espadas temporales. Prestarían su servicio durante una guerra, pero cuando el conflicto terminara, volverían a sus oficios. Pero este no fue el caso en Esparta.

Quizás es por esta razón que los *ilotas*, en general, fueron tratados de mejor forma que los esclavos que se encontraban en otras partes de Grecia. Por ejemplo, a los *ilotas* se les permitía casarse y tenían derecho al 50 por ciento de lo que produjeran. Además, a los *ilotas* se les otorgó una buena cantidad de libertad religiosa, y también existen algunas pruebas que sugieren que se les permitió poseer pequeñas cantidades de propiedad privada. Sin embargo, aun así eran esclavos, y eran tratados como tales. Por ejemplo, cada año cuando los *éforos* tomaron el poder, "declararon" la guerra a los *ilotas*, lo que esencialmente les dio a los espartanos un pase libre en caso de que quisieran asesinar *ilotas* por cualquier motivo.

Este tipo de práctica deja en claro por qué los *ilotas* querían luchar por su libertad. De hecho, muchos de los problemas que Esparta experimentó a lo largo de su historia se debieron a levantamientos entre los *ilotas* que estaban interesados en adquirir más libertad. Casi todos los adversarios de Esparta, en un momento u otro, ofrecieron apoyo a los *ilotas* a cambio de ayuda para derrotar a los espartanos.

A menudo se solicitaba ayuda a los *ilotas* para el servicio militar. A veces se verían obligados a ser nada más que un ayudante de un soldado espartano, pero en otras ocasiones, se les pidió que se pusieran de pie y lucharan junto a los espartanos. Un gran ejemplo de esto es la Batalla de las Termópilas. Todos sabemos acerca de los 300 espartanos que se mantuvieron firmes, pero muchos no saben que fueron apoyados por tebanos y tepios, así como por *ilotas*.

Era posible que los *ilotas* ganaran su libertad. En ocasiones se le otorgó como pago por el servicio militar. La idea era que, si sobrevivían, serían libres. Pero también era posible que un *ilota* comprara su libertad, aunque se sabe poco sobre cuánto necesitaría producir un *ilota* para liberarse de su condición.

Junto a los ilotas estaban los *períoikoi*. Estas personas tampoco fueron consideradas ciudadanos, pero se les otorgó considerablemente más derechos que a los *ilotas*. Es posible que estos sean los descendientes de las clases dominantes en Laconia y Mesenia. Por lo general, eran responsables de transacciones más complicadas, como la reparación y fabricación de armas, y eran quienes dirigían el comercio exterior. Se suponía que los *períoikoi* también debían servir como reservas en el ejército, y hacia finales del siglo V y principios del siglo IV a. C., a menudo reemplazaban a los espartanos debido a su número decreciente.

En general, los *períoikoi* se encontraban en una posición ventajosa. Se le brindó acceso a una de las regiones más ricas en recursos de Grecia, y también tuvieron acceso a algunos de los mejores puertos del Peloponeso, lo que significa que pudieron acumular una riqueza considerable. Pero como no lograron convertirse en ciudadanos, nunca pudieron convertir esta riqueza en poder político.

El Ejército Espartano

Se han escrito libros enteros sobre el ejército espartano. Eran por mucho la fuerza más dominante en todo el mundo antiguo, y usaron esta ventaja no solo para subyugar a la mayor parte del mundo griego, sino también para defenderse de los persas. A muchos les interesa preguntarse qué habría pasado si los espartanos hubieran continuado sus campañas de conquista a principios del siglo IV, ya que los espartanos ya habían demostrado ser casi invencibles en un campo de batalla abierto.

Sin embargo, el ejército espartano no tenía mucho a su disposición que fuera diferente al resto de Grecia. Sus soldados todavía eran *hoplitas*, el nombre utilizado para los antiguos soldados griegos que proviene del nombre utilizado para su gran escudo, el *hoplon*. Sin embargo, donde los espartanos lograron diferenciarse fue con su entrenamiento militar y tácticas.

El principio central del entrenamiento militar de un espartano era la lealtad. A la edad de 20 años, todos los ciudadanos espartanos varones debían unirse a una *sisitia*, que era esencialmente un comedor para no más de 15 personas. El objetivo de estos comedores era enseñar a los jóvenes espartanos a confiar entre ellos y a crear vínculos.

Los niños espartanos también fueron sometidos a la agogé, que era un programa educativo riguroso diseñado para enseñar a los espartanos a ser los mejores soldados posibles. En este entrenamiento, era común que los niños espartanos fueran enviados a la naturaleza solos para aprender a sobrevivir y estar solos. Sin embargo, un lado potencialmente oscuro del entrenamiento en la agogé fue la supuesta práctica de la pederastia, que es cuando un hombre se involucra en una actividad sexual con un niño. La idea era que se suponía que el hombre debía amar al niño y ayudarlo a convertirse en un mejor soldado, pero esta es una idea que la mayoría de las personas en el mundo moderno tendría dificultades para mantener.

Es difícil probar si estas acusaciones de pederastia son verdaderas o no, pero una cosa en la que todos los historiadores pueden estar de acuerdo es que era importante que los niños en la agogé tuvieran un mentor. Una gran razón para esto era que la vida como soldado espartano era difícil y exigente. Estaban activos desde el momento en que terminaban su entrenamiento. No podían aspirar a un cargo político hasta que tenían 30 años, y durante este tiempo, se los consideraba en "servicio activo". Se alentó a los hombres a casarse a los 20 años, pero no se les permitió vivir con sus familias hasta que no estuvieran en servicio activo; en ese tiempo, vivían en los cuarteles locales o, más probablemente, estaban haciendo campaña. Sin embargo, todos los hombres espartanos permanecían en las reservas hasta los 60 años, lo que significa que podrían volver a la batalla en cualquier momento, algo que habría sido un gran honor.

La razón principal por la que los espartanos sometieron a sus soldados a este tipo de entrenamiento fue porque dependían en gran medida de la *falange*. Esta era una formación militar en la que los soldados se congregaban en un rectángulo, cada uno usando su escudo para protegerse a sí mismo y a la persona que estaba a su lado. Esto creó una gran masa de soldados que era difícil de penetrar, pero requería que ningún soldado se alejara de la batalla, ya que, si lo hacía, la formación podría romperse y ser fácilmente derrotada. La *falange* espartana era una de las más temidas en todo el mundo griego, y no fue hasta que los tebanos la adaptaron para poder moverse hacia los lados, hacia adelante y hacia atrás cuando los espartanos fueron derrotados convincentemente en la batalla.

En términos de armas, los espartanos utilizaron un escudo firme, que se conocía como un *hoplon*, que generalmente estaba hecho de madera o bronce, pero el hierro se usó más tarde. Además de esto, generalmente llevaban una gran lanza que descansaría sobre su escudo para extender el alcance de la *falange*. Algunos soldados también llevarían una espada en caso de que la *falange* se rompiera y necesitaran participar en un combate cuerpo a cuerpo.

Han surgido muchos mitos sobre el ejército espartano, y uno de los más destacados es que las mujeres espartanas aprendían a odiar a sus hijos desde el principio para prepararse para su probable muerte en la batalla, aunque no existe evidencia que sugiera que este fuera el caso. Sin embargo, los espartanos pusieron un énfasis considerable en su ejército, y esto les ayudó a crear una de las fuerzas militares más fuertes del mundo antiguo.

Sociedad Espartana

En general, la sociedad espartana estaba muy estratificada, y las restricciones impuestas a las diferentes clases sociales significaban que el desarrollo cultural espartano era escaso. Por ejemplo, hemos mencionado que a los espartanos se les prohibía realizar trabajos domésticos, y esto incluía cosas como el arte y la escritura. Es por eso que la mayoría de los poetas, filósofos y eruditos famosos de Grecia vinieron de Atenas y otras ciudades-estado.

Dicho esto, la cerámica espartana era un producto muy conocido en el mundo antiguo. Se han encontrado muestras de jarrones espartanos y otras cerámicas en todo el mundo griego, y esto probablemente se deba a la destreza comercial del *períoikoi*.

La dieta espartana no era tan diferente del resto de Grecia en ese momento. Se basaba en cebada, vino, queso, granos e higos. Pero lo que era diferente de la comida espartana era que la mayor parte se cultivaba localmente. El Peloponeso, y más específicamente Laconia y Mesenia, fueron y siguen siendo dos de las regiones más fértiles de Grecia, y esto significó que Esparta, a diferencia de Atenas, no necesitaba depender del comercio exterior para alimentar a su gente.

Los ciudadanos espartanos eran responsables de donar su comida a la *sisiti*a a la que pertenecían, y posteriormente la comida era redistribuida entre los miembros de la sis*itia*. Se les pedía a los *ilotas* que entregaran sus productos, y fueran alimentados con una porción de lo que la tierra produjera.

Un aspecto bastante interesante de la sociedad espartana fue el papel de la mujer. A diferencia de Atenas y otras partes del mundo griego, donde a las mujeres no se les permitía salir, se las obligaba a vivir en la casa de su padre y se les exigía usar ropa oscura y oculta, a las mujeres espartanas se les brindaban muchas más libertades. Se les animaba a salir y hacer ejercicio, y también usaban vestidos largos y reveladores que estaban destinados a ser más cómodos y que les permitían moverse con mayor libertad.

A las mujeres espartanas también se les brindó la misma comida que a sus hermanos, algo que no sucedía en Atenas, y no se les permitía casarse y tener hijos hasta que llegaban a la adolescencia o tenían poco más de veinte años. La razón de esto fue aumentar las posibilidades de que las mujeres tuvieran hijos sanos y también evitar a las mujeres las complicaciones que a menudo se derivan de tener hijos en la adolescencia.

A las mujeres todavía no se les permitía participar en la política, pero debido a que los hombres estaban ausentes en la guerra tan a menudo, generalmente eran las administradoras de la propiedad de su esposo, y muchas mujeres llegaron a poseer su propia propiedad en algún momento, algo que era extremadamente inusual en el mundo antiguo. Además, para ayudar a asegurar que la población espartana continuara criando niños fuertes y saludables, se alentó a las mujeres a dormir con hombres además de sus esposos, especialmente cuando eran más jóvenes y estaban físicamente saludables.

Las relaciones de género en Esparta estaban lejos de ser iguales, pero a las mujeres se les ofrecía mucho más en Esparta que en muchos otros lugares del mundo antiguo, y una gran parte de esto se debió al énfasis espartano en la construcción y mantenimiento del ejército más fuerte posible.

Conclusión

Esparta fue sobre todo una sociedad militarista. Su poder se consolidó en una oligarquía, y posteriormente se establecieron reglas y requisitos estrictos para que los líderes espartanos lograran formar un ejército fuerte. Esta decisión significó que el desarrollo cultural espartano se estancó, al igual que su población, pero también les permitió crear una de las fuerzas de combate más impresionantes de toda la historia, que se convirtió en el líder indiscutible del mundo griego.

Conclusión

El mundo antiguo, y especialmente la antigua Grecia, estuvo repleto de guerra, caos e inestabilidad. Sin embargo, durante aproximadamente 600 años, desde mediados del siglo X a. C. hasta la batalla de Leuctra en 371 a. C., los espartanos fueron una fuerza consistentemente firme en el mundo griego. Su conquista de Laconia y Mesenia a finales del siglo VII a. C. les brindó fortaleza en el Peloponeso, que era la región más fértil y rica en recursos de Grecia.

A partir de ahí, los espartanos lograron establecer alianzas estratégicas con algunas de las ciudades-estado más poderosas del mundo griego, como Tebas y Corinto. Entonces, Esparta demostró su fuerza al resto del mundo cuando su fuerza de solo 300 espartanos se enfrentó a Jerjes y su inmenso ejército. A partir de ahí, pocos cuestionarían el poder de los espartanos, y cuando finalmente derrotaron a Atenas en la Guerra del Peloponeso, se quedaron solos en la cima del mundo griego.

Lograron tener este aumento de poder gracias a su entrenamiento militar estricto y riguroso, y también por su uso estratégico de la *falange* y su compromiso con una estrategia defensiva.

No obstante, al igual que todos los grandes poderes del mundo antiguo, los espartanos eventualmente dejaron que su ambición obtuviera lo mejor de ellos. Se volvieron tan poderosos después de derrotar a los atenienses que parecían invencibles. Sin embargo, esta ambición les hizo ganar muchos enemigos, y su falta de voluntad para permitir que otras personas además de los espartanos nacidos en el ejército sirvieran en el ejército eventualmente les dejó con una escasez de mano de obra de la que nunca podrían recuperarse.

Aquellos que estudian la antigua Grecia tendrían razón al lamentar que los griegos nunca lograran mezclarse como uno solo durante la época clásica. Si el poderío militar de Esparta se hubiera combinado con las tradiciones políticas y académicas de Atenas, nadie sabe qué podría haber resultado de tal alianza. Pero esto no sucedió, y las batallas, las reconciliaciones y los escándalos que definieron a la antigua Grecia proporcionan a cualquiera que estudie la época más dramática e intrigante de lo que incluso los escritores más prolíficos puedan imaginar. Puede que Esparta cayera ante los beocianos en 371 a. C., pero su legado perduraría por el resto del tiempo.

Lea más libros de Captivating History

Bibliografía

Bradford, Alfred S. *Leonidas and the Kings of Sparta: Mightiest Warriors, Fairest Kingdom.* ABC-CLIO, 2011.

Cartledge, Paul. *Hellenistic and Roman Sparta.* Routledge, 2004.

Cartledge, Paul. *Sparta and Lakonia: a regional history 1300-362 BC.* Routledge, 2013.

Feetham, Richard, ed. *Thucydides' Peloponnesian War.* Vol. 1. Dent, 1903.

Kagan, Donald, and Bill Wallace. *The Peloponnesian War.* New York: Viking, 2003.

Powell, Anton. *Athens and Sparta: constructing Greek political and social history from 478 BC.* Routledge, 2002.

www.ingramcontent.com/pod-product-compliance
Lightning Source LLC
LaVergne TN
LVHW041646060526
838200LV00040B/1734